Mots & Caetera

le fabuleux destin des noms propres devenus communs

Jean Maillet

LE FIGARO littéraire

Le Figaro – 14, boulevard Haussmann, 75009 Paris.
Directeur général, Directeur de la publication : Marc Feuillée.
Directeur des rédactions : Alexis Brézet.
Directeur délégué des rédactions : Paul-Henri du Limbert. **Éditrice** : Sofia Bengana.
Éditeur adjoint : Robert Mergui. **Administratrice des rédactions** : Nathalie Hervo.
Directrice adjointe à l'édition : Anne Huet-Wuillème.
Direction artistique : Louise Lebert. **Auteur** : Jean Maillet.
Responsable fabrication : Denis Imbault. **Responsable pré-presse** : Alain Penet.
Direction de la diffusion : Philippe Grinberg. **Directeur des ventes** : Laurent Nocca.
Responsable de la communication : Aurélie Broux.
Cet ouvrage a été réalisé en collaboration avec les Editions de l'Opportun.
ISBN : 978-2-8105-0813-6. Achevé d'impression en août 2017
sur les presses de l'imprimerie Toppan Leefung en Chine.

PRÉFACE

par Étienne de Montety

Directeur du Figaro Littéraire

Il n'est pas donné à n'importe qui de voir son patronyme désigner un objet. C'est la gloire... Mais s'est-on demandé ce qu'en pensaient les descendants du bon docteur Guillotin ? Ceux du distingué préfet Poubelle ? Pouvait-on plus longtemps dire : « Viendriez-vous déguster ce vin originaire de la région de Bourgogne ? » « Êtes-vous satisfait de votre voiture et de son moteur inventé par l'ingénieur allemand Diesel ? »

L'esprit français qui n'aime guère l'abstraction a préféré, plutôt que de forger un mot ex nihilo, ou à partir de vulgaires normes techniques, associer l'objet sans nom à celui qui l'avait inventé, ou à l'endroit d'où il provenait. Il a vite simplifié, conférant à la conversation clarté, saveur, et souvent poésie : voici le gibus et les godillots, la mégère et la morphine, le cordonnier et le corbillard, la liste est longue.

Ma dulcinée est vêtue de mousseline, et c'est ainsi que la langue est belle.

le fabuleux destin des noms propres devenus communs

Chapitre 1

D'un mythe ou d'une légende à un simple nom commun

Issus de dieux,
demi-dieux, rois
et autres héros, voilà
des mots de bien
noble naissance !
Et si leur destinée
est aujourd'hui
d'incarner
des réalités
parfois plus banales,
tous ces glorieux
personnages qui
les ont engendrés
n'ont sans doute
jamais imaginé
le sort que l'Histoire
leur a réservé.

Céréale

⇒ **n. f.** Cérès

Cérès, sœur de Jupiter, était la déesse latine des Moissons, de l'Agriculture et de la Fertilité. Elle fut assimilée à la Déméter du panthéon grec. Dans ses *Métamorphoses,* Ovide la présente ainsi : « Cérès la première a remué la glèbe avec la charrue, la première elle a donné aux habitants de la terre les moissons et des aliments adoucis, la première elle leur a donné des lois ; tout est don de Cérès. » (V, 341-343.) Autre don de Cérès, lexical celui-ci, le mot « céréal(e) », adjectif signifiant d'abord « relatif à Cérès », puis qualifiant sous la Révolution toute plante d'où sont extraits des grains farineux comestibles. L'adjectif se substantive en 1835 pour désigner les plantes servant de base à notre nourriture et à celle des animaux omnivores. D'un point de vue botanique, les céréales sont des graminées, à l'exception du sarrasin, qui est une polygonacée ; nuance !

Céréa

Morphine

[Morpheus]

⇒ n. f. Morphée

Dans la mythologie grecque, Morphée, beau jeune homme ailé, était l'un des mille enfants d'Hypnos, dieu du Sommeil. Il avait le pouvoir de dispenser le sommeil aux mortels en les touchant d'une fleur de pavot. Il pouvait alors susciter leurs rêves et s'y insinuer en prenant l'aspect et la forme de divers personnages. Dans ses *Métamorphoses* (livre XI), Ovide nous le présente en ces termes : « Au milieu du peuple de ses mille enfants, le dieu [Somnus] réveille le plus habile imitateur de la figure humaine, Morphée. Aucun autre ne reproduit avec plus d'art la démarche, le visage, la voix et jusqu'aux vêtements et propos les plus familiers de chaque personne. » Cette aptitude à revêtir de multiples apparences explique son nom, dérivé du grec *morphê*, « forme », que l'on retrouve en français dans morphologie, métamorphose, polymorphe, amorphe, etc. Morphée, divinité des rêves, a donné naissance au nom du principal alcaloïde de l'opium, la morphine, contenu dans les pavots, spécialement dans le pavot des jardins dont les propriétés soporifiques, sédatives et analgésiques sont connues, semble-t-il, depuis le néolithique. Le mot « morphine » est attesté pour la première fois en 1819. Depuis 1888, « morphinomane » désigne celui qui s'intoxique à la morphine, les premiers cas de morphinomanie ayant été décrits en 1871.

Syphilis

⇒ n. f. Syphile/Sipyle

Les *Métamorphoses* d'Ovide nous parlent du berger Sipyle qui emprunta son nom à une montagne de Lydie, près de Smyrne. Il était l'un des sept fils d'Amphion et de Niobé, elle-même reine de Thèbes et fille de Tantale.

Le nom de Sipyle devait quelque peu se transformer au début du XVIe siècle : en 1530, un poète et médecin de Vérone, Girolamo Fracastor (ou Frascator, 1483-1553), rédige un poème imité des Anciens dont le héros principal, le berger Syphile, entraîne les habitants de l'île d'Ophise à se révolter contre Apollon. Pour se venger, Apollon frappe Syphile et ses amis d'une grave maladie. Dans cette œuvre médico-mythologico-poétique, Fracastor fait une description précise de ce mal endémique, qu'il nomme « syphilis ». Fracastor fut aussi le premier à étudier le phénomène de la contagion. Le mot « syphilis » apparaît en français dans un texte de 1659 et devient un synonyme de « vérole » (déformation de « variole »), employé depuis le XIIe siècle. Bénigne si elle est précocement traitée, grave si le traitement est tardif ou négligé, la syphilis, maladie vénérienne épidémiologique, est aujourd'hui loin d'être éradiquée.

Aphrodisiaque

[Aphroditê]

⇒ n. m. Aphrodite

Fille de Zeus et de Dioné ou née de l'écume de la mer fécondée par le sang d'Ouranos, Aphrodite, que les Romains ont assimilée à leur Vénus, était la déesse grecque de l'Amour et de la Fécondité. Sa prodigieuse beauté ne pouvait que la rendre éminemment désirable tant aux dieux qu'aux humains. Elle en séduisit donc plus d'un, entre autres Arès, Hermès, Dionysos. En s'unissant avec le mortel berger Anchise, elle donna le jour à Énée. On connaît également son amour pour le bel Adonis. De nombreux temples lui furent élevés, consacrés, comme il se doit, au culte aphrodisiaque.

Cet adjectif fut employé au XVIIIe siècle pour qualifier, plaisir d'amour oblige, toute substance supposée stimuler ou augmenter le désir sexuel. Ainsi, au gré des modes et de l'imagination, a-t-on, au mépris de réels dangers, décrété aphrodisiaques et ingéré comme tels les poudres de cantharide, de défense d'éléphant, de corne de rhinocéros ou de cerf, la racine de mandragore, celle de ginseng, et bien d'autres produits encore, mais leur pouvoir de faire monter au septième ciel reste toujours très hypothétique.

siaque

Argus

[Argos]

⇒ n. m. Argus

La mythologie grecque fait d'Argus (ou Argos) un prince argien (c'est-à-dire habitant Argos). Il était doté de cent yeux, dont cinquante restaient toujours en éveil. Cette formidable aptitude à la vigilance l'avait fait engager par Héra pour surveiller la belle Io, que Zeus, après l'avoir séduite, avait transformée en une blanche génisse, pensant que les soupçons de sa divine épouse seraient détournés. Héra cependant exigea que la génisse lui fût consacrée, et Zeus, pour ne pas se trahir, dut accepter. Il fit alors appel à Hermès, qui, grâce au son de sa flûte, parvint à endormir Argus et à lui trancher la tête. Héra recueillit ses cent yeux pour en orner la queue de son oiseau emblématique : le paon. C'est bien cette notion de surveillance incessante qui explique le nom de la balise Argos qui permet de connaître constamment la position des bateaux engagés dans les courses à la voile. Par analogie avec la queue du paon, plusieurs animaux ont reçu le nom d'« argus ». Enfin, Ulysse avait aussi nommé son chien Argos : sans doute savait-il parfaitement monter la garde.

Atlas

Atlas

⇒ **n. m.** Atlas

En 1569, le mathématicien, géographe et cosmographe flamand Gérard Mercator fait paraître les dix-huit feuilles de sa nouvelle carte du monde, publiées après dans un recueil dont le frontispice représente Atlas (géant condamné par Zeus à porter la voûte du ciel sur ses robustes épaules) en majesté se saisissant du globe. Une édition postérieure de l'ouvrage (1602) recevra logiquement le nom d'« Atlas ».

Le géant mythique a aussi donné son nom aux montagnes marocaines, l'une des frontières extrêmes du monde connu dans l'Antiquité . L'océan entourant l'Atlantide – île mythique dont Atlas était le roi – et baignant les montagnes africaines fut nommé « Atlanticus » chez Cicéron, francisé en « Atlantique » en 1560.

En 1694, « atlante » devient un terme d'architecture désignant une « figure d'homme soutenant un entablement comme Atlas portait le ciel sur ses épaules ». « Atlas » désigne aussi, depuis 1654, la première vertèbre cervicale, celle qui, pivotant sur l'axis, supporte la tête.

Hermaphrodite

[Hermaphroditos]

⇒ n. m. Hermaphrodite

....

Aphrodite et Hermès eurent un fils qu'ils baptisèrent de leurs deux noms mêlés : Hermaphrodite. Il devint un adolescent d'une telle beauté que la nymphe Salmacis, le voyant se pencher au-dessus de son lac, conçut pour lui une dévorante passion. Le jeune garçon repousse ses avances, mais, tenté par la douce température de l'eau, décide de se baigner. Salmacis alors l'étreint de tout son être et implore les dieux de réunir leurs deux corps à jamais. Ovide conclut ainsi le mythe : « On ne peut dire ni que c'est une femme ni que c'est un homme ; ils paraissent n'avoir aucun sexe et semblent pourtant les avoir tous les deux. » De cette belle légende est né, à la fin du XVIe siècle, le mot « hermaphrodite » pour qualifier tout être bisexué mais aussi toute personne présentant une ambiguïté sexuelle (plus ou moins synonyme, dans ce cas, d'« androgyne »). À la fin du XVIIIe, apparaît le substantif dérivé « hermaphrodisme ».

Hermétisme

[Hermês]

⇒ n. m. Hermès

Fils de Zeus et de Maïa, Hermès est une divinité « multicartes », un personnage qui, à force d'être multiple, devient impénétrable. Dieu du Commerce et de la Médecine, messager des dieux, guide des voyageurs et de l'âme des morts, entre autres, il est qualifié de Trismégiste, ce qui veut dire « trois fois le plus grand ».

Une tradition ptolémaïque lui attribue plus de quarante livres, ouvrages occultes qui, au Moyen Âge, engendreront, sous le nom d'Hermès Trismégiste, plusieurs traités ésotériques dont se réclameront les alchimistes.

C'est d'abord chez ces alchimistes qu'apparaît au XVIe siècle l'adjectif « hermétique » avec le fameux « sceau hermétique ». Le substantif féminin « hermétique » s'appliquera au XVIIe siècle à la partie occulte de l'alchimie. Nouvelle signification induite au début du XIXe siècle : est hermétique tout ce qui est difficile à comprendre. Enfin apparaît vers 1900 le nom commun « hermétisme », signifiant à la fois « doctrine des alchimistes » et « caractère de ce qui est impénétrable, obscur ou carrément incompréhensible ».

Mentor

⇒ **n. m.** Mentor

Avant de partir pour le siège de Troie, Ulysse confia à son vieil ami Mentor l'administration de ses biens et l'éducation de son fils, Télémaque. S'inspirant d'Homère, Fénelon écrivit en 1699 ses *Aventures de Télémaque*, contribuant à mieux faire connaître ce personnage dont la fonction de précepteur explique le sens du nom commun « mentor ». Il s'applique, depuis le début du XVIIIe siècle, au sage conseiller chargé de l'éducation d'un jeune homme. Dès lors, de nombreux traités d'éducation utiliseront ce mot dans leur titre. En 1761 paraît *Le Véritable Mentor, ou L'éducation de la noblesse* du marquis Caraccioli, suivi en 1772 du *Mentor moderne, ou Instructions pour les garçons et pour ceux qui les élèvent* de Mme Leprince de Beaumont, puis, en 1803, du *Mentor vertueux, moraliste et bienfaisant* de Jean-Pierre Bérenger. Aujourd'hui, « mentor » est un synonyme de « guide », « maître » ou « conseiller », quelque peu littéraire, mais en tout cas préférable à cet horrible « coach » qui, depuis quelque temps, pollue notre vocabulaire.

Odyssée

[Odusseia]

⇒ **n. f.** Odyssée

Avec *L'Iliade*, on en attribue la paternité à Homère, bien que l'existence du poète grec soit remise en question depuis la fin du XVIIe siècle. *L'Odyssée* aurait été écrite à la fin du VIIe siècle av. J.-C. En vingt-quatre chants et douze mille cent neuf vers, elle nous raconte les aventures d'Ulysse, dont *Odusseus* est le nom grec, depuis la guerre de Troie jusqu'à son retour à l'île d'Ithaque, sa patrie et son royaume. Parce que le voyage mouvementé d'Ulysse a duré dix ans, le poème qui le raconte est d'une grande variété et d'une exceptionnelle longueur. Son titre ne pouvait donc que donner naissance à un nom commun désignant un voyage composé d'interminables aventures. Il apparaît avec cette signification à la toute fin du XVIIIe siècle.

Depuis *2001, l'odyssée de l'espace,* film réalisé en 1968 par Stanley Kubrick d'après le roman d'Arthur C. Clarke, on ne compte plus les titres reprenant l'expression « l'odyssée de... », en particulier pour des sagas scientifiques comme *L'Odyssée de l'espèce* d'Yves Coppens et de Jean Malaterre, film documentaire réalisé en 2003 retraçant l'évolution de l'espèce humaine, *L'Odyssée de la vie* de Nils Tavernier et René Frydman sur la vie intra-utérine de la conception à la naissance (2005), *L'Odyssée de l'amour* de Thierry Binisti (2009), etc.

Œdip

Œdipe

[Oidipus]

⇒ n. m. Œdipe

L'association de deux mots grecs, *oidein,* « enfler » (que l'on retrouve dans « œdème »), et *pous (podos),* « pied », est à l'origine étymologique d'*Oidipus, Oidipodos,* « pieds gonflés », latinisé en *Œdipus, Œdipodes.* Le personnage est lié à l'un des plus grands mythes de la Grèce antique. Laïos, roi légendaire de Thèbes, épouse Jocaste et conçoit avec elle un fils. Or ils apprennent de la Pythie que ce fils tuera son père et épousera sa mère. Laïos exile alors l'enfant loin de Thèbes, sur le mont Cithéron, et lui fait lier les pieds. Le garçon est cependant recueilli et élevé par Polybos, roi de Corinthe, qui lui donne le nom d'« Œdipe ». Des années plus tard, fuyant Corinthe, Œdipe rencontre un vieil homme qui lui demande de s'écarter de son chemin. L'impulsif Œdipe se met en colère et tue le vieillard, apprenant ensuite qu'il s'agissait de son père. Le parricide devient roi de Thèbes et épouse Jocaste. Nul ne peut aller contre une prophétie. Jocaste, obsédée par son inceste, se donne la mort et Œdipe se crève les yeux. Nombreux sont les écrivains qui s'inspireront de cette légende. Sigmund Freud fonde en 1916 la célèbre théorie du « complexe d'Œdipe », expression qui, en 1929, s'abrège en « œdipe ».

Plongeant les racines
de leurs origines
au plus profond
de la mythologie,
ces fleurs odorantes
aujourd'hui reines
de nos jardins
renvoient
notre imaginaire
à ces récits qui nous
font tant rêver !
Même s'ils furent
parfois cruels,
qu'importe, il nous
en reste ce jardin
extraordinaire
aux parfums
envoûtants d'origines
légendaires.

Amaryllis

⇒ **n. f.** Amarullis

Plantes à bulbe de la famille des liliacées, les amaryllis, originaires d'Afrique du Sud, sont cultivées pour leurs fleurs odorantes et superbement colorées. La plante fut baptisée, par le naturaliste suédois Carl von Linné (1707-1778), d'après un prénom féminin d'origine grecque, sans doute rattaché au verbe grec *amaryssein*, qui signifie « resplendir, briller », surtout en parlant des yeux.

Dans la tradition mythologique de l'Arcadie, Amaryllis incarne une séduisante et cruelle bergère qui demeure indifférente aux soupirs désespérés d'un chevrier amoureux. La légende inspira de nombreux auteurs de l'Antiquité puis son nom refleurit à la Renaissance. Les poètes romantiques français reprendront également le mythe.

Un petit papillon diurne, fauve et marron avec un ocelle noir sur chaque aile, porte ce même nom.

Colchique

⇒ n. m. Colchide

Euripide, Sénèque, Ovide, Corneille, Catulle Mendès, Jean Anouilh, parmi beaucoup d'autres, nous ont conté l'histoire tragique de Médée, fille du roi de Colchide, cette ancienne contrée d'Asie où la mythologie grecque fait débarquer Jason et les Argonautes. Médée la magicienne, l'empoisonneuse, la fratricide, l'infanticide, la régicide, celle-là même dont il eût été bien préférable pour Jason qu'elle ne l'aidât point à s'emparer de la Toison d'or. Nul doute que l'herbe de Colchide, en latin *colchicum,* entrait pour une bonne part dans la composition des poisons concoctés par Médée. Plante de la famille des liliacées poussant dans les prés humides, l'herbe de Colchide ou colchique cache bien sa très grande toxicité : peut-on imaginer que les graines de ces belles fleurs roses ou mauves contiennent un alcaloïde, la colchicine, mortel à fortes doses alors même qu'il est prescrit dans le traitement de la goutte ou comme anti-inflammatoire ?

Jacinthe

[Huakinthos]

⇒ **n. f.** Hyacinthe

Dans la mythologie grecque, Huakinthos (prénom latinisé en Hyacinthus et francisé en Hyacinthe ou Jacinthe) était un jeune éphèbe, fils du roi de Sparte. Il était aimé du dieu Apollon, qui descendait souvent de l'Olympe pour venir jouer avec lui, chasser ou mesurer au sien son talent de discobole. La force d'Apollon était telle qu'un jour il lança si haut le disque de bronze qu'en retombant celui-ci percuta mortellement le crâne du beau Laconien. Apollon, éploré, conjura les dieux de l'Olympe de continuer à faire vivre Hyacinthe dans la mémoire des hommes. Alors, là même où l'herbe avait été maculée par le sang du jeune homme, se mit à pousser une magnifique fleur rouge. Elle fut évidemment baptisée «*huakinthos*».
Aujourd'hui, le mot «jacinthe» désigne cette plante bulbeuse aux fleurs roses, mauves ou blanches. Quant au nom commun «hyacinthe», il s'applique depuis 1525 à une pierre précieuse jaune rougeâtre, variété de zircon.

Jacint

Narcisse

[Narkissos]

⇒ n. m. Narcisse

La légende de Narcisse appartient aux mythes floraux de l'Antiquité grecque.

Narkissos était un jeune et beau Béotien, fils de la nymphe Liriopé et du fleuve Céphise. Il fut puni par Némésis, déesse de la Colère et de la Vengeance, pour avoir ignoré l'amour de la nymphe Écho et de nombreuses autres jeunes filles. Son châtiment ? Tomber amoureux de sa propre image reflétée par l'eau et en mourir de langueur à force de ne pouvoir s'en approcher ou la saisir. C'est à l'endroit même où Narcisse périt qu'une fleur baptisée de son nom surgit de terre pour perpétuer le souvenir de celui qui avait passé sa jeunesse à mépriser l'amour. Plus tard, le mythe de Narcisse donnera naissance au mot « narcissisme » (1894), qui prendra en 1914 son acception psychanalytique.

arcisse

Chapitre 2

D'un commun biblique

Nous pourrions dire
sans hésiter
de « saint-pierre »
ou de « judas »
que ces mots
proviennent
de la Bible,
mais en ce qui
concerne le petit
« benjamin »,
qui ne cesse
ses « jérémiades »,
au point que c'en est
un « calvaire »,
auriez-vous deviné
que ces mots-là aussi
tirent leur origine
de ce livre sacré ?

Benjamin

[Binyâmîn]

⇒ n. m. Benjamin

« Or, comme elle [Rachel] accouchait difficilement, la sage-femme lui dit : "Ne crains pas, car tu as un fils de plus." Dans son dernier souffle, au moment de mourir, elle l'appela Ben-Oni – c'est-à-dire Fils-du-deuil – mais son père [Jacob] l'appela Benjamin – c'est-à-dire Fils-de-la-droite. »
(Genèse, XXXV.)

Il faut ici comprendre que « Fils-de-la-droite » signifie « fils du bonheur », la droite étant, dans la croyance des Anciens, le côté favorable (de bon augure). Jacob le patriarche eut douze fils, chacun étant le fondateur d'une des douze tribus d'Israël. Benjamin fut le dernier et son préféré.
Le premier sens du nom commun « benjamin » fut donc « enfant préféré de ses parents ». Depuis 1808, « benjamin » et son féminin « benjamine » désignent le plus jeune enfant d'une famille et, par extension, la plus jeune personne d'un groupe. On retrouve le mot dans le domaine sportif : il s'applique, selon les disciplines, aux enfants qui suivent les « poussins » et qui précèdent les « minimes ».

Benjamin

Jéroboam

⇒ n. m. Jéroboam

Deux rois bibliques portèrent le nom de Jéroboam. Jéroboam Ier, fondateur et premier souverain d'Israël, régna de 931 à 910 av. J.-C. Jéroboam II, quatorzième roi d'Israël, de 780 à 740 av. J.-C., connut un règne particulièrement prospère. Mais cette prospérité qu'Israël acquit sous Jéroboam II eut de négatives conséquences : la vie luxueuse s'accompagna d'un effondrement de la morale. La corruption et l'idolâtrie se répandirent dans le pays à travers les cultes de Baal et Moloch, et les commandements sacrés furent bafoués.

Est-ce à la force ou aux péchés du roi que fait allusion le nom commun « jéroboam », apparu en 1897 pour désigner une bouteille de champagne d'environ 3 litres ? En buvant une telle bouteille, on commet un double péché, celui de démesure s'ajoutant à celui de gourmandise puisqu'un jéroboam équivaut à deux magnums (du latin *magnus*, « grand »).

Jérémiade

[prophète]

⇒ **n. f.** Jérémie

Jérémiade

« Je suis l'homme qui a vu la misère sous la verge de sa fureur.
Il m'a conduit, mené dans les ténèbres, et non dans la lumière.
Contre moi il tourne et retourne sa main tout le jour.
Il a fait dépérir ma chair et ma peau, Il a brisé mes os.
Il a bâti autour de moi, Il m'a environné de poison et de douleur. »
(Lamentations III, 2-5.)

Ainsi Jérémie déplore-t-il les malheurs d'Israël dans le livre de la Bible qui lui est attribué et qui s'intitule Les Lamentations. Avec Moïse, Isaïe, Josué, Samuel et Ézéchiel, il est l'un des grands prophètes de l'Ancien Testament. Un autre livre biblique, portant son nom, nous rapporte ses prophéties, qui auraient été consignées par Baruch, son secrétaire. Le nom commun « jérémiade » apparaît au XVIIIe siècle avec le sens de « plainte importune qui n'en finit pas », notamment chez Voltaire en 1737, dans sa *Correspondance* : « Mon cher ami, cette lettre est une jérémiade ; je pleure sur les hommes. » (*Lettre 52.*)

Macchabée

⇒ n. m. Maccabée

La Bible contient deux livres dits « des Maccabées » retraçant la révolte des Juifs contre Antiochos IV Épiphane, de 215 à 163 av. J.-C. La révolte déclenchée par le pillage du temple de Jérusalem fut conduite par le prêtre Mattathias et son fils Judas. Le surnom de Judas était « Maccabée ». Par extension, ce nom fut donné aux autres fils de Mattathias ainsi qu'à une autre famille de sept frères. Ayant refusé de manger de la viande de porc, ces sept frères furent atrocement martyrisés. À partir du Ve siècle, le martyre des Maccabées donna naissance à un culte dont les prêtres desservants furent eux-mêmes familièrement appelés « maccabées ».
Est-ce en raison de ce culte des morts que Maccabée a donné naissance à « macchabée », mot populaire désignant un cadavre ? Il fut d'abord appliqué par les mariniers aux noyés de la Seine (1856) puis passa très vite dans l'argot et le répertoire des carabins.

Sodomie

⇒ n. f. Sodome

Les mots « sodomite » et « sodomie » sont d'origine biblique. Les deux cités de Sodome et Gomorrhe subirent le châtiment de Dieu pour s'être adonnées à la dépravation, comme le mentionne la Genèse (XIX, 24-25) : « Le Seigneur fit pleuvoir sur Sodome et Gomorrhe du soufre et du feu. Cela venait du ciel et du Seigneur. Il bouleversa ces villes, tout le District, tous les habitants des villes et la végétation du sol. » De Sodome, il est précisé dans cette même Genèse que ses « gens étaient des scélérats qui péchaient gravement contre le Seigneur » (XIII, 13). Situées au sud de la mer Morte, Sodome et Gomorrhe étaient devenues des lieux de débauche, de corruption et de luxure, leurs habitants s'y livrant à ce que les Écritures considèrent être un « péché contre nature ».
Sodomia est un mot de latin tardif employé au VIe siècle par l'empereur Justinien dans sa *Novelle 141* pour désigner la pratique homosexuelle. Le nom commun « sodomie » apparaît à la fin du XIVe siècle, notamment dans *Le Ménagier de Paris*, traité de morale et d'économie domestique : « La sixième branche de luxure si est un péchié qui est contre nature, comme soy corrompre par sodomie. » (I, 3.)
Celui qui se livre à la sodomie est appelé « sodomite », d'après le latin tardif Sodomita, « habitant de Sodome ».

Calvaire

⇒ n. m. Calvariæ locus

« Jésus, portant sa croix, arriva au lieu du Crâne,
qui se nomme en hébreu Golgotha. »
(Jean, XIX, 17.)

Les évangélistes Jean, Matthieu (XXVII, 33) et Marc (XV, 22) nous parlent de ce lieu du Crâne où Jésus fut crucifié. Il s'agit d'une colline calcaire située au nord de Jérusalem. Sa forme et les grottes qui s'ouvrent sur son à-pic évoquent en effet un crâne. En araméen, son nom est *Gulgalt* ou *Gulgolta*, dont la signification littérale est « crâne-sommet ». Adapté en grec puis en français, *gulgalt* a donné Golgotha et Golgatha, interprétés comme noms propres. En latin d'église, on obtient *Calvariae locus* (d'une racine « calv »- que l'on retrouve en français dans « chauve » et « calvitie », l'autre nom du Golgotha étant d'ailleurs « mont Chauve »). Plutôt que « lieu du crâne », *Calvariæ locus* a abouti à « lieu du calvaire », le mot « calvaire » prenant alors seul plusieurs sens : d'abord, en 1704, « représentation de la Crucifixion, notamment toute croix dressée dans un paysage pour évoquer la Passion du Christ (promontoires, carrefours, etc.) », puis en 1838, au figuré, « martyre, épreuve longue et douloureuse ».

Capharnaüm

⇒ **n. m.** Capharnaüm

D'après les Évangiles, c'est à Capharnaüm que Jésus guérit un paralysé en lui disant: « Lève-toi et marche. » La ville (*Kfar Nahum* en hébreu, c'est-à-dire, le « village du consolé », aujourd'hui identifiée à Tell-Hūm), se situe au bord du lac de Tibériade. Jésus y attire toute une foule de malades et de possédés et les guérit. L'aspect hétéroclite de cette foule explique-t-il que le nom commun soit devenu synonyme de « bric-à-brac » ? Littré justifie sa définition de capharnaüm, « lieu où mille choses sont entassées », par le fait que le lieu était « une grande ville de commerce ». On suppose aussi une influence du mot berrichon *cafourniau* (du latin *furnus*, *fornus*, « four »), « recoin sombre, débarras obscur », ce qui peut aussi expliquer que « capharnaüm » ait eu, au XVIIe siècle, le sens de « prison ». Notons que Balzac a beaucoup utilisé le mot « capharnaüm ».

Saint-Pierre

[saint]

⇒ n. m. Pierre

Quand il lui promet les clefs du royaume des cieux, Jésus s'adresse à Simon en le prénommant Pierre pour la première fois : « Et moi, je te le déclare : tu es Pierre, et sur cette pierre je bâtirai mon Église. » (Matthieu, XVI, 18.) Pierre acquiert le ministère de pasteur universel chargé d'annoncer la venue du royaume de Dieu et la résurrection du Christ. Il sera le premier évêque de Rome et mourra martyrisé en 64, sous le règne de Néron.

Dans le chapitre suivant, Matthieu rapporte l'injonction par laquelle Jésus donne à Pierre le moyen de trouver, dans la bouche d'un poisson, un statère, pièce d'or qui permettra aux « fils » des « rois de la terre » de percevoir leur part d'impôt. En saisissant le poisson, l'apôtre y aurait laissé l'empreinte de son pouce et de son index : une tache noire sur chaque flanc. Le poisson fut donc naturellement nommé « poisson Saint-Pierre » (1611) puis simplement « saint-pierre » (1793).

Pierre

D'un commun biblique

Judas
[Iscariote]
⇒ n. m. Judas

Judas Iscariote fut l'un des douze apôtres du Christ, et son nom reste à jamais lié à la trahison dont il se rendit coupable : pour trente deniers, il livra Jésus aux sacrificateurs en lui donnant un simple baiser, perfide signe convenu désignant aux gardes celui qu'ils devaient arrêter. Mais, en livrant le Christ, ne permit-il pas que s'accomplît, par Sa mort, la rédemption de l'homme ?

Quoi qu'il en soit, c'est bien comme synonyme de « traître » que l'on retrouve le nom commun « judas » dès 1175 dans la *Chronique des ducs de Normandie* ; en 1656 apparaît l'expression « baiser de Judas », dont Littré donne cette définition : « caresse que l'on fait à quelqu'un pour le trahir ». Judas revêt enfin, depuis la fin du XVIIIe siècle, le sens concret de « petite ouverture pratiquée dans un mur, un plancher ou une porte permettant de voir sans être vu ».

Véronique

[sainte]

⇒ n. f. Véronique

Selon des récits apocryphes du Moyen Âge, lors de la montée au Golgotha, Véronique se serait approchée du Christ et lui aurait, de son voile, essuyé le visage. L'empreinte du visage serait restée, indélébile, sur le linge devenu miraculeux. Grâce à lui, Véronique aurait guéri l'empereur Tibère de la lèpre. Cette relique est à l'origine du culte de la Sainte Face.

Est-ce parce qu'on lui a aussi prêté le pouvoir de guérir de la lèpre qu'on a nommé « véronique » la petite plante herbacée à fleur bleue ? Il est en tout cas certain que la véronique appartient à la famille des scrofulariacées, dont le nom est issu du latin médiéval *scrofularia*, de *scrofula*, signifiant « écrouelles », « scrofules ». Précisons que le prénom « Véronique » est formé de deux mots, l'un latin, *vera*, « vrai », l'autre, grec, *icôn*, « image », référence directe au visage du Christ imprimé sur le voile. « Véronique » désigne aussi une passe de tauromachie dans laquelle le geste du torero déployant la muleta est assimilé à celui de la sainte.

Véron

D'un commun biblique

que

Chapitre 3

Ils laissèrent leur nom à la postérité

Ils sont passés
à la postérité sous
forme végétalisée !
En effet, telle fleur,
telle plante, vous allez
le découvrir,
a été baptisée
d'après le nom
de ces navigateurs,
explorateurs,
botanistes
et naturalistes.
Un hommage ainsi
rendu à ces hommes
de passion
et de conviction, à
l'origine d'expéditions
lointaines,
de précieuses
découvertes.

Bégonia

[Michel]

⇒ n. m. Bégon

C'est Michel Bégon (1638-1710) qui a indirectement donné son nom au bégonia. Bégon fut successivement trésorier de la marine du Levant à Toulon, commissaire de la marine à Brest, puis au Havre, intendant des îles françaises d'Amérique, avant d'occuper le poste d'intendant des galères à Marseille. En 1688, Michel Bégon est nommé intendant du port de Rochefort et de la généralité de La Rochelle. L'année suivante, sur ordre de Louis XIV, il repart aux Antilles en emmenant à son bord un botaniste, le révérend père Charles Plumier (1646-1704), chargé d'inventorier la flore des îles du Vent. C'est Plumier qui nomma « bégonia » la plante rapportée d'Amérique, en l'honneur de son protecteur.

Michel Bégon est mort à Rochefort, et la ville entretient fidèlement la mémoire du grand homme qui a tant contribué à en développer l'activité et l'urbanisme, en particulier le port et l'arsenal. Un Conservatoire du bégonia fut inauguré en 1988 ; on y cultive plus de 1500 espèces et plus de 12000 hybrides de cette plante ornementale devenue emblème de la ville.

Bougainvillier et bougainvillée

[Louis Antoine, comte de]

⇒ n.m. et n. f. Bougainville

Le navigateur et explorateur français Louis Antoine de Bougainville se rendit célèbre par le voyage autour du monde qu'il entreprit du 5 décembre 1766 au 16 mars 1769 à bord de la frégate la *Boudeuse*. Il fut rejoint à Rio de Janeiro le 13 juin 1767 par l'*Étoile*, qui transportait le naturaliste Philibert Commerson. C'est lors de cette étape brésilienne que Commerson découvrit la plante arbustive qu'il nomma « bougainvillée » en l'honneur de son chef d'expédition (la variante masculine « bougainvillier » n'apparaîtra que vers 1830).

Quelques mois plus tard, croisant en Mélanésie dans l'archipel des Salomons, Bougainville découvre et explore l'île qui portera son nom. Le détroit qui sépare cette île Bougainville de l'île Choiseul est aussi baptisé « détroit de Bougainville ».

Le bougainvillier (ou la bougainvillée) est un arbuste grimpant. La fleur de bougainvillée est jaune, rouge, violette ou blanche, entourée de trois bractées violettes, roses ou orangées.

Camélia

[frère George Joseph]

⇒ n. m. Kamel

Le personnage de *La Dame aux camélias* (1848) fut inspiré à Alexandre Dumas fils par une femme qu'il avait aimée, Marie Duplessis, courtisane morte à vingt-trois ans d'une maladie de poitrine et qui contribua donc inconsciemment à la renommée de cette plante originaire du Japon.

On prétend que cette théacée fut rapportée d'Extrême-Orient par un jésuite morave dans les îles Philippines, le frère George Joseph Kamel ou en morave Jiří Josef Camel (1661-1706), qui avait latinisé son nom en Camellus. Il semble pourtant qu'aucun camélia ne pousse aux Philippines et que la plante, en provenance des montagnes chinoises du Yunnan, aurait plutôt été introduite en Angleterre par le capitaine Richard Rawes en 1820.

Le nom de « camellia » est pourtant bien lié à celui du frère Kamel. C'est le naturaliste suédois Carl von Linné (1707-1778) qui, en hommage au jésuite morave, nomma *Camellia tsubaki* la plante qu'il décrivit en 1735 dans son *Systema naturæ*, plante rebaptisée en 1753 *Camellia japonica* par ce même Linné lorsqu'il révisa sa nomenclature en publiant *Species plantarum*.

Dahlia

[Andreas ou Anders]

⇒ n.m. Dahl

Andreas Dahl ou Anders (1751-1789), natif de la paroisse suédoise de Varnhem, fut l'élève, à l'université d'Uppsala, du grand naturaliste et taxinomiste Carl von Linné. Andreas Dahl est l'auteur des *Observationes botanicæ*. En 1784, pour lui rendre hommage, Antonio José Cavanilles, directeur du Jardin botanique de Madrid, baptisa « dahlia » cette fleur à bulbe de la famille des astéracées (ou composées), dont on recense aujourd'hui plus de 40 000 variétés. Originaire des hauts plateaux du Mexique, le dahlia était appelé « chichipatli » dans la langue nahuatl des Indiens, et le botaniste espagnol Francisco Hernandez (1515-1587) nous apprend que l'empereur aztèque Moctezuma en cultivait dans ses jardins.

Fus

Fuschia
[Leonhardt]
⇒ n. m. Fuchs

••••••••••••••••••••••••

Dans son ouvrage *Description des plantes de l'Amérique* (1683), le révérend père Charles Plumier présente cette belle plante ornementale aux fleurs en clochettes roses ou pourpres qu'il découvrit à Saint-Domingue et introduisit en France en 1703. En la baptisant « fuchsia », Plumier voulut honorer la mémoire de Leonhart Fuchs, botaniste et médecin qui vécut en Bavière de 1501 à 1566. Fuchs possédait un immense savoir. Il s'intéressa au traitement de la lèpre et de la syphilis, aux vertus thérapeutiques de plantes médicinales telles que l'aloès, la rhubarbe et la digitale pourprée. Auteur de plusieurs traités, dont *Commentaires sur l'histoire des plantes* (1546), il est généralement considéré comme l'un des fondateurs allemands de la botanique (il décrivit plusieurs centaines de plantes de son pays).
Notons que son nom, qui, en allemand, signifie « renard », se prononce « fouks ». Il serait donc logique de dire « fouksia » plutôt que « fuchia ».

Gardénia

[Alexander]

⇒ n. m. Garden

Son nom le prédestinait à la botanique bien qu'il fût également philosophe et médecin. L'Écossais Alexander Garden (1730-1791) étudia la médecine d'abord à Aberdeen puis à Édimbourg, auprès de Charles Alston, qui lui transmit aussi sa passion pour l'étude des plantes. Après avoir été médecin de la marine, Alexander Garden s'installe en Caroline du Sud, dont il étudie la flore et la faune, et d'où il envoie à Carl von Linné de nombreux spécimens de plantes. De 1755 à 1783, il exerce la médecine à Charlestown (ancien nom de Charleston). Contraint par la guerre dev l'Indépendance américaine à revenir en Grande-Bretagne, il s'établit à Londres jusqu'à la fin de sa vie.

Sur la suggestion de son correspondant américain John Ellis, Carl von Linné baptisa « gardénia » cet arbuste buissonnant de la famille des rubiacées dont les fleurs blanches au parfum sucré s'épanouissent en été. John Ellis avait travaillé avec Alexander Garden et souhaitait ainsi que le grand naturaliste lui rende hommage.

Magno

Magnolia

[Pierre]

⇒ **n. m.** Magnol

•••••••••••••••••••••••••

En 1694, après avoir abjuré le protestantisme, Pierre Magnol (1638-1715) fut nommé professeur à la faculté de médecine de Montpellier, sa ville natale, puis, en 1697, directeur du Jardin botanique royal de cette même ville. On lui doit l'idée du classement des plantes par familles. Il nous a également laissé une précieuse description de la flore des Alpes, des Pyrénées, des Cévennes et du Languedoc. Il se vit confier l'étude d'une nouvelle plante expédiée de Louisiane en 1711 par le gouverneur Rolland-Michel Barrin de La Galissonière. Il en fit l'analyse et la description conjointement avec François Bonamy, botaniste à Nantes. Il était donc légitime que Carl von Linné décide de nommer *Magnolia grandiflora* cet arbrisseau à grandes fleurs roses ou blanches également baptisé « laurier tulipier ». De nos jours, quelque 75 espèces de magnolias ont été inventoriées.

Zinnia

[Johann Gottfried]

⇒ n. m. Zinn

Sur le tendon de Zinn viennent s'insérer les quatre muscles droits de l'œil. Ce tendon tient son nom de Johann-Gottfried Zinn (1727-1759), anatomiste allemand dont les travaux en ophtalmologie ont permis de réaliser d'importants progrès dans la connaissance de l'œil humain. En 1755, il publia *Descriptio anatomica oculi humani iconibus illustrata*, qui est le tout premier ouvrage d'anatomie consacré à l'œil, fondamental dans l'histoire de l'ophtalmologie. Zinn fut aussi un botaniste émérite, directeur des Jardins botaniques de l'université de Göttingen (Basse-Saxe), où il tint sa chaire de médecine de 1753 à sa mort.

En son honneur, Linné nomma « zinnia » une plante ornementale vivace de la famille des astéracées, originaire d'Amérique du Sud et du Mexique. De nos jours, « zinnia » est devenu un terme générique regroupant plusieurs espèces de plantes annuelles dont les fleurs, de couleurs variées, attirent les papillons.

Ils laissèrent leur nom à la postérité

Promesses
d'agréables
perspectives, parce
qu'ils évoquent aussi
bien le doux moment
de l'apéritif que
les mets savoureux
d'un repas à venir,
ces mots ne peuvent
que vous mettre
l'eau à la bouche !
La plupart nous ont
été légués par des
Français qui ont ainsi
contribué à la
si fameuse réputation
de notre gastronomie
française.

Kir

Kir

[chanoine]

⇒ **n. m.** Kir

Félix Kir (1876-1968) est né à Alise-Sainte-Reine (l'Alésia de Vercingétorix). Il fut ordonné prêtre en 1901 et nommé chanoine en 1931. Résistant pendant la Seconde Guerre mondiale, député maire de Dijon de 1945 jusqu'à sa mort, il deviendra en 1953 doyen de l'Assemblée nationale et présidera, à ce titre, la première séance de la Ve République. À la Chambre des députés, il se rendit célèbre par ses reparties mordantes et ses interventions « musclées ». On lui attribue la réhabilitation de cet apéritif fait d'un mélange de vin blanc et de crème de cassis (appelé aussi simplement « blanc-cassis »), qu'il servit d'abord en 1950, lors d'une réception de parlementaires anglais, et qu'il prit ensuite l'habitude d'offrir lors de chaque cérémonie officielle à la mairie de Dijon. L'apéritif reçut évidemment le nom de «kir». Il est essentiel que le vin blanc soit du bourgogne aligoté, mais, si vous en avez les moyens, vous pouvez rendre votre kir «royal» en remplaçant le vin blanc par du champagne.

Béchamel

[Louis de]

⇒ n. f. Béchameil

Faites cuire pendant trois minutes 50 grammes de beurre fondu mélangé à 50 grammes de farine (on parle de « roux blanc »), versez-y un demi-litre de lait et chauffez à feu doux tout en remuant jusqu'à ce que la préparation épaississe. Ôtez du feu, salez, poivrez et ajoutez une bonne pincée de noix de muscade. Votre béchamel est prête.
On attribue l'invention de cette sauce blanche au marquis Louis de Béchameil (1630-1703), marquis de Nointel, financier enrichi qui aurait acheté la charge de maître d'hôtel du roi Louis XIV. Le marquis était fort heureusement l'un des plus grands cuisiniers et gastronomes de son temps. Sa sauce ne serait en fait que l'amélioration d'une recette léguée par François Pierre de La Varenne (1618-1678), cuisinier du marquis d'Uxelles et auteur, entre autres, du *Cuisinier François* (1651). C'est dans l'expression « turbot à la béchamelle » qu'apparaît le mot pour la première fois, en 1735.

Bécha

Clémentine

[abbé]

⇒ n. m. Clément

Vital Rodier (1829-1904) entre vers 1860 dans la congrégation des Pères du Saint-Esprit sous le nom de père Clément. Il est vite envoyé comme missionnaire en Algérie, au sud d'Oran, à l'orphelinat agricole de Misserghin. Nommé directeur des pépinières, il acquiert au fil des années une incontestable autorité dans le domaine de l'agrumiculture. Il entreprend alors des expériences d'hybridation et obtient, en 1892, un nouvel arbre issu d'un croisement entre un mandarinier et un oranger. On appela son fruit « mandarine du père Clément ». En 1902, le professeur Louis Trabut, président de la société d'horticulture d'Alger, la baptisa « clémentine » dans un article de la revue horticole française où il donnait la première description de cet agrume. En 1925, la clémentine sera introduite en Corse, à Figaretto, par l'agrumiculteur Don Philippe Semidei, avec le succès que l'on connaît.

Reine-claude

⇒ n. f. Claude de France

« J'estime certes cette fille du roi, mais je ne pourrai jamais l'aimer. Rien en sa personne ne me séduit. Question d'État ! Il y va du règlement de l'affaire de Bretagne, voire des intérêts généraux du royaume. Pour l'amour, il est d'autres prés où, sans presque me baisser, j'aurai tout plaisir de cueillir à foison les plus capiteuses corolles. » Ainsi François Ier, s'adressant à sa sœur Marguerite d'Angoulême, parlait-il de son épouse, Claude de France (1499-1524), fille de Louis XII et d'Anne de Bretagne. Elle était devenue reine en 1515, à l'âge de quinze ans, et mourut dix ans plus tard après avoir donné naissance à sept enfants, dont le quatrième montera sur le trône sous le nom d'Henri II. Claude de France était boiteuse et disgracieuse, mais elle aimait François Ier et était aimée de son peuple, qui l'appelait « la bonne reine ». On sait qu'elle était gourmande de légumes et de fruits et qu'elle en faisait cultiver dans les jardins et vergers royaux de Blois, mais ce n'est pas là que fut acclimaté le fruit qui allait être nommé en son honneur. La paternité en revient au naturaliste Pierre Belon (1517-1564) : ayant rapporté la prune du Proche-Orient, il réussit à en créer une variété sucrée et parfumée, d'une belle couleur verte et dorée. Étant alors au service d'Henri II, qui venait de lui attribuer une pension, Belon décida de nommer le fruit « reine-claude » en souvenir de la reine mère, qui avait été si bonne et si douce.

Frangipane
[marquis de]
⇒ n. m. Frangipani

Elle concurrence la galette des Rois le jour de l'Épiphanie et se caractérise par une crème pâtissière mélangée à de la poudre d'amandes. Cette préparation ainsi que le gâteau à pâte feuilletée qui en est garni prirent le nom de «frangipane» dans les premières décennies du XVIIIe siècle. Pourtant, un siècle plus tôt, le mot « frangipane » était apparu dans l'expression «gants de frangipane», car, sans doute pour masquer l'odeur du cuir, une mode avait été lancée consistant à imprégner les gants d'un parfum à base d'amandes amères. L'invention en était due à un noble florentin du XVIe siècle: le marquis Pompeo Frangipani, aide de camp du maréchal de Bassompierre sous Louis XIII. *Frangipani* signifie littéralement «brise-pains». C'est, depuis le XIIe siècle, le surnom d'une noble famille romaine, les Schinella, dont l'un des membres aurait distribué du pain au peuple de Rome pendant une période de famine.
L'arbrisseau exotique appelé «frangipanier», originaire des Caraïbes, a été ainsi appelé en 1700 parce que le parfum de ses fleurs rappelle celui de la frangipane.

Praline

[comte de]

⇒ n. f. Plessis-Praslin

César (1598-1675), duc de Choiseul, comte de Plessis-Praslin, maréchal de France, dont les principaux faits d'armes furent de défendre l'île de Ré contre le duc de Buckingham (1627) et de vaincre Turenne à Rethel (1650), fut aussi ambassadeur près le duc de Savoie, gouverneur de Turin (1640), ministre d'État (1652), pair de France (1665) et l'un des négociateurs du traité de Douvres (1670). Mais, très fin gourmet, il est surtout passé à la postérité grâce à un bonbon qu'il demanda à Clément Jaluzot, son officier de bouche, de confectionner : une amande rissolée dans du caramel. La confiserie connut un rapide succès sous le nom d'« amande à la prasline » (1667). Clément Jaluzot s'installa par la suite à son compte dans sa ville natale de Montargis, où il fonda la Maison de la prasline. Vers 1680, l'amande à la prasline devint simplement la « praline ». En 1912 fut créé en Belgique un bonbon au chocolat également appelé « praline » et qui correspond à notre « crotte en chocolat », peut-être pas sans rapport lexical avec l'expression « cucul la praline ».

raline

Saint

Saint-honoré

[saint]

⇒ n. m. Honoré

Né à Port-le-Grand en Ponthieu au début du VIe siècle, Honoré fut mitron avant de devenir prêtre, puis évêque d'Amiens. L'aveu de sa vocation fut l'occasion d'un premier miracle : le fourgon de boulanger (tige servant à étaler les braises dans le four) utilisé par son incrédule nourrice se transforma instantanément en un mûrier couvert de feuilles et de fleurs, épisode expliquant que saint Honoré soit devenu le patron des fleuristes.

Disant la messe pascale dans l'église de Saint-Acheul, Honoré eut une miraculeuse vision : le Christ, auréolé de lumière, lui tendit le pain de la communion. La corporation des boulangers avait donc plus d'une raison pour se mettre sous la protection de cet ancien mitron devenu évêque.

Honoré mourut le 16 mai 600. Son culte se répandit à partir du XIe siècle. En 1204, un couple de Picards lui fit édifier une chapelle dans une rue de Paris qui prit en 1216 le nom de « saint Honoré ». C'est au numéro 163 de cette rue Saint-Honoré que s'installa le pâtissier Chiboust. Il créa, en 1846, le saint-honoré, une délicieuse couronne de petits choux fourrés à la crème Chiboust, crème pâtissière aromatisée à la vanille, allégée avec des blancs d'œufs montés en neige.

N.B. Au pluriel, on écrit des saint-honoré ou des saint-honorés.

Savarin

[Jean Anthelme]

⇒ n. m. Brillat-Savarin

Jean Anthelme Brillat-Savarin (1755-1826) fut élu député aux états généraux en 1789, puis à l'Assemblée constituante, mais c'est en tant que maire de Belley (département de l'Ain) qu'il s'opposa à la Terreur. Accusé de conspiration par le parti montagnard, il dut s'exiler. Sous le Directoire, il put revenir en France et devenir, après le 18 brumaire, conseiller à la Cour de cassation. La postérité lui fut cependant assurée plus par ses qualités de gastronome que par ses fonctions politiques et juridiques. Sa *Physiologie du goût ou Méditations de gastronomie transcendante*, ouvrage publié en 1825, rassemble des aphorismes, des discours, des poèmes et quelques recettes.

Un fromage triple crème de Normandie, créé en 1890 sous le nom d'« excelsior », fut rebaptisé « brillat-savarin » en 1930 par les fromagers Henri et Pierre Androuët.

Ce même nom avait été donné en 1856 à un gâteau en forme de couronne réalisé à partir d'une pâte à baba allégée en beurre et imbibée d'un sirop à la liqueur. En 1864, le nom de cette pâtisserie fut abrégé en « savarin ».

Carpaccio
[Vittore]
⇒ **n. m.** Carpaccio

Sa maîtrise de l'organisation des perspectives et du rapport exact entre cadre et personnages, sa parfaite technicité dans l'harmonie des couleurs, des rythmes et du traitement de la lumière font du grand peintre Vittore Scarpazza, en dialecte vénitien, et Vittore Carpaccio, en italien, un important représentant de la riche école vénitienne du quattrocento (XVe siècle).
Parmi ses couleurs préférées, une nuance de rouge sombre lui est caractéristique : on la trouve dans ses draperies et ses décors. Ainsi s'explique l'utilisation du nom « carpaccio » dans les années 1980, d'abord en italien puis en français, pour désigner de « fines tranches de bœuf cru macérées dans l'huile d'olive et assaisonnées de poivre et de citron », recette créée à Venise en 1950. De ce carpaccio initial, on n'a ensuite conservé que les idées de fines lamelles et de macération, s'appliquant désormais aux viandes blanches, aux volailles, aux poissons (saumon et thon), aux crustacés, aux fruits ou aux légumes.

Carpa

Sandwich

[comte de]

⇒ n. m. Sandwich

John Montagu, quatrième comte de Sandwich (1718-1792), tire son titre de noblesse d'une petite ville portuaire du Kent où se déroula une bataille navale (1217) pendant la première « guerre des barons ». John Montagu fut à deux reprises premier lord de l'Amirauté. En son honneur, le capitaine James Cook nomma « îles Sandwich » l'archipel qu'il découvrit en 1778 et qui fut plus tard rebaptisé « les Hawaii », mais le nom du lord anglais est surtout passé à la postérité grâce au « casse-croûte » originellement composé d'un morceau de bœuf salé servi entre deux tranches de pain. Cet en-cas aussi sommaire que pratique lui aurait été proposé en 1765 par son cuisinier afin qu'il puisse, à l'heure des repas, pour les uns, ne pas abandonner sa table de jeu (John Montagu était un joueur de cartes passionné et impénitent), pour les autres, ne pas quitter son bureau, où il passait le plus clair de son temps. Le nom « sandwich » fait son entrée au dictionnaire français en 1875.

ch

Pour avoir conquis
leur place dans
nos dictionnaires,
ces objets sont
à jamais la preuve
indéniable
de l'ingéniosité,
de l'inventivité,
de la créativité
de leur concepteur.
Et si certains
d'entre eux sont bien
les témoins d'une
époque révolue,
ils n'en restent pas
moins les mots
de ce quotidien qui
ont fait et font encore
notre histoire.

Gibus

⇒ n. m. Gibus

C e fut le chapeau claque de nos ancêtres, depuis les années 1830 jusqu'à la Belle Époque.

Pourquoi « claque » ? Parce que ce chapeau haut de forme (que les jaloux appelaient aussi, par dérision, « tuyau de poêle ») était muni d'un ingénieux système à ressort qui lui permettait de s'aplatir après usage.

On en devait l'invention à un M. Gibus, qui en déposa le brevet en 1834. Le couvre-chef prit donc aussi le nom de son inventeur, d'abord en Angleterre, où l'on parla de Gibus hat (1843), puis en France, où l'on adopta l'expression « chapeau gibus » (1872), vite raccourcie en un simple nom commun, « gibus ».

La nationalité des Gibus, famille de chapeliers, est sujette à controverse : pour les uns, ils étaient anglais, pour les autres, français.

En France, le patronyme est effectivement répandu en Haute-Vienne, où l'on trouve, du XVIe au XIXe siècle, plusieurs Gibus chapeliers. Pour que l'Entente cordiale ne soit pas compromise, disons que la paternité du haut-de-forme semble être anglaise, alors que le procédé d'articulation de notre gibus serait plutôt dû à un Parisien.

Godillot

[Alexis]

⇒ **n. m.** Godillot

Les godillots sont des brodequins militaires particulièrement résistants, dont le mot « godasse » est un dérivé. Ils chaussèrent d'abord les soldats de la guerre de Crimée (1854-1855), puis ceux de la guerre de 1870 et de la Première Guerre mondiale.

Le godillot porte le nom de son inventeur et fabricant, Alexis Godillot (1816-1893), industriel qui devint fournisseur officiel des Armées sous le second Empire, pour des souliers, bien sûr, mais aussi pour des selles, des tentes et du matériel de campement. Il créa son usine de brodequins en 1854. Ses affaires furent florissantes et ses établissements du 54, rue de Rochechouart, à Paris, connurent un essor remarquable. Le mot « godillot », attesté dès 1876, continuera de s'appliquer aux chaussures de l'armée française jusqu'à la Seconde Guerre mondiale.

Dans les années 1960, « godillot » est utilisé avec un nouveau sens pour qualifier un homme ou un groupe politique suivant sans discuter son chef, son président ou la ligne de son parti, comme dans « Parlement godillot », « député godillot », etc.

Montgolfière
[Joseph Michel et Étienne Jacques de]

⇒ n. f. Montgolfier

En France, le premier papier vélin fut mis au point en 1777 par les célèbres frères Montgolfier. Joseph et Étienne avaient pris la succession, à Vidalon-lès-Annonay (aujourd'hui Davézieux, en Ardèche), de leur père, Pierre, papetier royal.

La lecture d'un livre de Joseph Priestley, *Experiments and Observations on Different Kinds of Air* (1774-1786), leur donne l'idée de l'aérostat. À partir de novembre 1782, les frères Montgolfier entreprennent de nombreuses expériences, d'abord avec de petits parallélépipèdes en papier puis avec des ballons de plus en plus grands qu'ils gonflent à l'air chaud et qu'ils réussissent à faire monter de plus en plus haut. Ces ballons reçoivent le nom de « montgolfières ». Le 4 juin 1783, une montgolfière s'élève et parcourt 2,5 km au-dessus de la ville d'Annonay. Le 19 septembre de la même année, à Versailles, sous les yeux écarquillés de Louis XVI et de sa cour, un ballon de toile bleu et or baptisé *Le Martial* s'élève à environ 500 mètres et parcourt quelque 3,5 km en huit minutes avec, à bord de sa nacelle, un coq, un canard et un mouton. Suivront, le 12 octobre, le vol du *Réveillon* et, le 19 octobre, deux vols habités, avec la collaboration du physicien et aéronaute François Pilâtre de Rozier. Le 10 décembre 1783 vit la consécration des Montgolfier : le père fut anobli, Joseph et Étienne furent faits chevaliers et nommés membres correspondants de l'Académie des sciences. Le roi leur donna en devise la locution latine *Sic itur ad astra* : *« C'est ainsi que l'on s'élève jusqu'aux astres. »*

Poubelle

[Eugène René]

⇒ **n. f.** Poubelle

Peu après sa nomination à la préfecture de Paris, Eugène René Poubelle, né à Caen en 1831, publia une ordonnance imposant l'usage de boîtes à ordures d'immeuble ainsi que le ramassage quotidien des déchets ménagers (novembre 1883). L'arrêté était ainsi libellé : « Le propriétaire de chaque immeuble devra mettre à la disposition de ses locataires un ou plusieurs récipients communs pour recevoir les résidus de ménage… » Plusieurs récipients ! Déjà des préoccupations écologiques ? Oui. M. Poubelle peut en effet être considéré comme l'inventeur et le promoteur du tri sélectif puisque son arrêté (contenant 7 articles) préconisait la mise à disposition, à côté des « récipients communs » destinés aux débris putrescibles, aux papiers et aux chiffons, de « récipients spéciaux » pour recevoir les débris de vaisselle, poterie, verre ainsi que les coquilles d'huîtres. La population de Paris fut d'abord hostile, mais, petit à petit, les prescriptions de M. Poubelle furent respectées et les villes de province suivirent progressivement l'exemple de la capitale. Dès 1890, le mot « poubelle » entra au dictionnaire pour désigner ces récipients à ordures. Eugène René Poubelle fut ensuite nommé ambassadeur au Vatican. Il mourut à Paris en 1907.

Rustine

[Louis]

⇒ **n. f.** Rustin

Aujourd'hui, avec les pneus sans chambre et les produits anticrevaison, elle n'est plus que rarement utilisée. Elle a longtemps rendu d'innombrables services à tous ceux pour lesquels les objets gonflés étaient devenus d'indispensables auxiliaires. La rustine, simple et pourtant géniale invention de M. Louis Rustin (1880-1954), a bien mérité leur reconnaissance. Louis Rustin commença sa carrière professionnelle en ouvrant à Clichy, en 1903, un petit atelier de rechapage et de réparation de pneumatiques. Adepte de la petite reine, alors très en vogue, Rustin avait souvent eu l'occasion de pester contre les crevaisons, d'autant que, à cette époque, l'état des routes laissait à désirer. Il décida donc d'étudier la question de près. La Première Guerre mondiale suspendit ses recherches, mais, dès la mobilisation, Rustin mit au point la célèbre petite rondelle de caoutchouc permettant d'obturer hermétiquement les fuites des chambres à air. La rustine fit l'objet d'une marque déposée en 1921, et son nom entra simultanément dans le dictionnaire.

Guillotine

[Joseph Ignace]

⇒ n. f. Guillotine

Quand le député et médecin saintais Joseph Ignace Guillotin (1738-1814) fit adopter la guillotine par l'Assemblée constituante en octobre 1791, il fit à sa manière une œuvre humanitaire : les condamnés à mort seraient désormais égaux devant la peine capitale. Plus de décapitation à l'épée ou à la hache, plus de pendaison, d'écartèlement ou de bûcher en fonction de l'appartenance sociale : le couperet pour tout le monde ! Le 15 avril 1792, la machine à décapiter fut d'abord testée sur des cadavres dans la cour de l'hôpital Bicêtre. Douze jours plus tard, elle trancha la tête du premier condamné. C'est à son corps défendant que le docteur Guillotin accepta que l'on donne son nom à la guillotine. Des gravures montrent qu'une machine similaire existait déjà au XIIe siècle dans de nombreux pays. Le prototype fut réalisé par un Allemand facteur de clavecins à Paris : Tobias Schmidt. Le docteur Antoine Louis, secrétaire de l'Académie de chirurgie, mit l'instrument au point, d'où son surnom de « Louison » ou « Louisette ». La guillotine fut d'ailleurs affublée de nombreux autres surnoms, comme le « rasoir national » ou « la Veuve », sobriquet choisi par les forçats.

Cardigan

[lord]

⇒ n. m. Cardigan

Le 25 octobre 1854, lors de la guerre de Crimée, James Thomas Brudenell, septième comte de Cardigan (1797-1868), lance une charge de cavalerie, sabre au clair, aussi meurtrière qu'inutile, l'artillerie russe fauchant les cavaliers par dizaines. Cet épisode de la bataille de Balaklava fut immortalisé sous le nom de « charge de la brigade légère ». Outre cette charge héroïque, lord Cardigan est passé à la postérité pour une question vestimentaire. Avant de partir pour la guerre de Crimée, il se fit fabriquer une veste de laine, sans col, sorte de gilet boutonné au ras du cou, dont la commercialisation fut rapidement entreprise (1868). Le vêtement prit le nom de « cardigan », nom commun qui fut adopté en français en 1928. Lord Cardigan considérait que sa tenue devait toujours être impeccable, tout comme celle de ses troupes. On disait de son régiment qu'il était le plus beau d'Europe et qu'il suscitait l'admiration de la reine Victoria et du duc de Wellington.

Colt

[Samuel]

⇒ n. m. Colt

Samuel Colt (1814-1862) est né à Hartford, dans le Connecticut. Très tôt, il se passionne pour les explosifs et les armes à feu. Quand il atteint l'âge adulte, l'histoire des États-Unis se confond avec l'apogée de la conquête de l'Ouest : l'acquisition d'armes à feu légères et maniables devient une nécessité. Samuel Colt n'a donc pas beaucoup de peine pour trouver l'argent nécessaire à ses ambitions : créer un nouveau modèle de pistolet. Son projet se concrétise en 1835 : il dépose le brevet de son pistolet à barillet. En mars de l'année suivante, il fonde à Paterson, dans le New Jersey, la Patent Arms Manufacturing Company, qui va rapidement fabriquer le premier revolver (de l'anglais *to revolve*, « faire tourner », allusion évidente au barillet mobile). L'arme reçoit le nom de Colt Paterson. Suivront le Colt Walker (1846, conçu avec le capitaine Samuel Colt), le Colt Dragoon (1848), le Colt Pocket et le Colt Wells Fargo (1849), le Colt Navy (1851), le Colt Army (1860), le Colt Police (1862), le Colt Frontier (1878), etc. C'est aussi à Samuel Colt que l'on doit la carabine à répétition (1858 – Colt revolving rifle).
En français, on parla d'abord de « pistolet de Colt » (1859) puis de « revolver Colt ».

Colt

Diese

Diesel

[Rudolf]

⇒ n. m. Diesel

Rudolf Christian Karl Diesel publie en 1893 un traité intitulé *Théorie et construction d'un moteur thermique rationnel destiné à supplanter la machine à vapeur et les autres machines à feu connues à ce jour* et obtient un brevet pour la conception d'un moteur révolutionnaire : à combustion interne, l'allumage y était obtenu par compression. Au début de 1897, le prototype est fabriqué : on l'appelle « moteur à huile lourde ». Le moteur est commercialisé en 1900 et présenté à l'Exposition universelle de Paris. On ne parlera de « moteur Diesel » puis, simplement, de « diesel » qu'à partir de 1913. En 1961, on donnera le nom de « diesel-électrique » à la locomotive électrique alimentée par ce type de moteur.

Le moteur Diesel n'a pas aujourd'hui les faveurs des zélateurs du développement durable. En effet, il serait fortement émetteur d'oxyde d'azote et de particules fines très polluantes. C'est oublier que, peu de temps avant sa mort, Diesel exprima des préoccupations écologiques particulièrement avant-gardistes, précisant que son moteur pouvait « être alimenté avec des huiles végétales et [serait] en mesure de contribuer fortement au développement de l'agriculture des pays qui l'[utiliseraient] ». Il ajoutait ces paroles prophétiques : *« L'utilisation d'huiles végétales comme carburant pour moteurs peut sembler insignifiante aujourd'hui, [mais] ces huiles deviendront bientôt aussi importantes que le pétrole et le goudron de charbon. »*

Macadam

[John Loudon]

⇒ n. m. McAdam

Une histoire en trois épisodes.

– Jean Rodolphe Perronet (1708-1794) devient en 1747 directeur du Bureau des dessinateurs du roi, qui deviendra en 1775 « École des ponts et chaussées ». Nommé premier ingénieur du roi en 1763, il va renouveler l'art de construire les ponts et réaliser plus de 2 500 kilomètres de routes. On lui doit, en 1742, l'invention d'un nouveau revêtement remplaçant le pavage traditionnel.

– 1769. L'ingénieur Pierre Marie Jérôme Trésaguet (1717-1796), inspecteur des Ponts et Chaussées, s'appuie sur les travaux de Perronet pour concevoir un nouveau procédé de construction des routes : une fondation dite « hérisson », formée de gros blocs, reçoit un empierrement lui-même surmonté d'une couche d'usure (graviers fins).

– 1816. Améliorant la théorie de Trésaguet, l'Écossais John Loudon McAdam (1756-1836), chargé de l'entretien des routes autour de Bristol, invente le revêtement qui portera son nom : il supprime la couche de fondation et la remplace par une couche de pierres dures de même calibre, concassées et répandues uniformément. La couche supérieure est formée de tout-venant progressivement tassé par le passage des voitures.

En 1822, le procédé est importé en France par Claude Louis Marie Henri Navier (1785-1836), qui parle des « routes à la Mac-Adam ». En 1828 est adopté le verbe « macadamiser ». Le nom commun « macadam » apparaît vers 1840 et désigne l'empierrement et non le revêtement de goudron ou de bitume. Goudronné, le macadam prend le nom de « tarmacadam » en 1909 (de l'anglais *tar*, « goudron »), aujourd'hui abrégé en « tarmac » (partie d'un aéroport ou aérodrome où roulent les avions).

Saxophone

[Adolphe]

⇒ **n. m.** Sax

L'invention du saxophone remonte à 1843. Elle est due à Adolphe Sax (1814-1894), qui en déposa le brevet en France en 1846. C'est sans doute pour avoir grandi dans l'atelier bruxellois de son père, Charles Joseph, lui-même facteur d'instruments à vent, qu'Adolphe Sax se passionna pour cette discipline. Il fut élève de clarinette au conservatoire de Bruxelles et, souhaitant perfectionner la clarinette basse, il inventa un nouvel instrument qu'il baptisa « saxophone ». Dès 1857 fut créée la première classe de saxophone au Conservatoire de Paris, et l'engouement des jazzmen pour l'instrument date des années 1920.

« Saxophone » est un terme générique. Il regroupe toute une catégorie d'instruments appartenant à la famille des bois où toutes les tessitures sont représentées : le saxophone soprano (la fameuse « carotte » de Sidney Bechet), le saxophone ténor, le saxophone alto, le saxophone baryton et le saxophone basse (le saxophone contrebasse n'est que très rarement utilisé). Le saxhorn (littéralement « cor de Sax ») fut aussi inventé par Adolphe Sax (vers 1845). Il s'agit d'un instrument à vent, à embouchure et pistons, appartenant à la famille des cuivres.

À toute époque,
il en est certains qui,
sans l'imaginer
peut-être, sont passés
à la postérité
en raison d'une
spécificité bien
particulière, d'une
passion, d'un épisode
précis de leur vie :
autant d'éléments qui
ont permis de faire
de leur nom, ou
de son dérivé,
un nom commun
mais à l'histoire peu
commune !

Daltonien, daltonisme

[John]

⇒ n. m. Dalton

Le nom de John Dalton (1766-1844), professeur de mathématiques et de physique au New College de Manchester, est pourtant lié à un tout autre domaine de la science : une maladie causée par une anomalie de la rétine. En observant une fleur de géranium à la lumière du jour puis à celle d'une chandelle, Dalton comprit fortuitement, en 1794, qu'il ne percevait pas certaines couleurs. Il consulta le célèbre médecin Thomas Young, auteur d'une *Théorie de la vision trichromatique*, qui diagnostiqua chez son patient une « cécité des couleurs ». Dalton rédigea alors une communication pour la Société littéraire et philosophique de Manchester. Il y décrivit le phénomène que l'on baptisa en 1841 « daltonisme », anomalie que l'on connaît aussi depuis 1855 sous le nom de « dyschromatopsie». Elle se manifeste par la non-perception de certaines couleurs ou l'incapacité à différencier les trois couleurs fondamentales : rouge, vert et bleu. Le substantif et adjectif «daltonien» apparaît en 1827.

Mithridatisation

⇒ **n. f.** Mithridate IV Eupator

Mithridate, sultan oriental connu sous le nom exact de Mithridate VI Eupator, vécut de 132 à 63 av. J.-C. Roi du Pont (Asie Mineure), il eut pour obsession et pour ambition de chasser les Romains d'Asie. Mais le général et consul Sylla lui imposa la paix de Dardanos (85 av. J.-C.), et il dut finalement rendre les armes devant Lucullus puis Pompée. Déshonoré, il s'exila en Crimée et voulut se donner la mort par empoisonnement. En vain ! Les poisons n'avaient plus d'effet sur lui. Par peur d'en être victime, il avait en effet réussi à s'en prémunir en en absorbant des petites doses, régulières mais croissantes. Alors, il ordonna à l'un de ses guerriers de lui donner la mort. À la fin du XIXe siècle, les mots « mithridatiser » et « mithridatisation » naquirent de cette astucieuse pratique d'immunisation. L'épithète *eupator*, attribuée à Mithridate, signifie « né d'un bon père » (on y reconnaît le grec *patêr*, « père »). Mithridate connaissait évidemment bien les plantes médicinales, en particulier cette astéracée à fleurs roses et hautes tiges dont il dévoila les multiples vertus. En son honneur, la plante fut nommée « eupatoire » *(Eupatorium cannabinum).*

Derby
[lord]
⇒ **n. m.** Derby

Edward Smith-Stanley, douzième comte Derby (1752-1834), passionné de chevaux, pratiquait souvent l'équitation en compagnie de son collègue et ami Ssir Thomas Charles Bunbury. En 1778, lord Derby propose à sir Bunbury d'organiser une course pour tester l'endurance de leurs pouliches sur une distance de 1 mile. Le lieu choisi pour l'épreuve ? Les proches collines crayeuses d'Epsom, la course prenant alors le nom d'Epsom Oaks. La première du genre a lieu en 1779. L'année suivante, une course semblable est proposée où s'affronteront cette fois poulains et pouliches. Les deux compères jouent à pile ou face pour savoir qui aura l'honneur de donner son nom à cette nouvelle épreuve : le sort désigne lord Derby, et le derby d'Epsom voit ainsi le jour.
Le derby d'Epsom va remporter les suffrages de tous les cavaliers et parieurs et devenir, chaque année, en mai ou juin, le rendez-vous chic de la haute société britannique. De 1 mile, la distance de l'épreuve passera à 1,50 mile, soit environ 2 400 mètres. Le nom commun « derby » est attesté en français pour la première fois en 1829.

Derby

Mansarde

[François]

⇒ n. f. Mansart

Considéré comme le précurseur en France de l'architecture classique, François Mansart (1598-1666), dont Voltaire disait qu'il avait été l'« *un des meilleurs architectes de l'Europe* », est surtout associé dans l'esprit de tout un chacun au comble brisé à quatre pans, système de construction qu'il popularisa vers 1650. En fait, cette technique avait été utilisée avant lui par Pierre Lescot (1515-1578), le célèbre rénovateur du Louvre, ce qui n'empêcha pas de parler de « comble à la mansarde » puis simplement de « mansarde » (1676). Le mot désigna ensuite la pièce aménagée dans un tel comble. Sous la plume de Balzac apparaît l'expression « chambre mansardée » : « *Deux chambres de domestique, éclairées chacune par un œil-de-bœuf, et mansardées, mais assez spacieuses* » (*Modeste Mignon*, 1844). Les chambres mansardées étant souvent réservées aux petites gens, le mot « mansarde » a aussi revêtu des connotations d'inconfort et de pauvreté, comme chez Gustave Flaubert : « *Il y a tant de gens qui grelottent dans une mansarde sans chandelle.* » (*Lettre à Louise Colet*, 1853.) Dans ce cas, le mot « mansarde » est plus ou moins synonyme de « galetas ».

Mausolée

⇒ n. m. Mausole

Au IVe siècle av. J.-C., Mausole fut satrape – gouverneur despotique – de Carie. Après avoir élargi les frontières de sa province jusqu'en Ionie et Lydie, il créa un pays indépendant et s'en proclama roi. Il transféra sa capitale de Mylasa à Halicarnasse et en fit une ville somptueuse, la dotant d'un port militaire et de riches monuments. Il mourut en 353 av. J.-C. Sa sœur et épouse Artémise II lui fit élever un imposant monument funéraire, entouré de trente-six colonnes. La construction et les sculptures furent confiées à cinq artistes grecs. Haut de 42 mètres, pour un périmètre à la base de 133,50 mètres, le tombeau du roi Mausole fut achevé en 350 av. J.-C. Il devint la cinquième des Sept Merveilles du monde. Au XIIe siècle, il tomba en ruine. En 1856, une équipe britannique dirigée par l'archéologue Charles Thomas Newton localisa son emplacement et entreprit des fouilles, mettant au jour des vestiges exposés au British Museum.

Le nom commun « mausolée » apparut vers 1544, désignant tout monument funéraire de respectables proportions, dernière demeure de personnages importants.

Alexandrin

[Roman d']

⇒ n. m. Alexandre

Alexandre III, dit Alexandre le Grand (356-323 av. J.-C.), fut roi à vingt ans et continua l'entreprise conquérante de son père, Philippe II. L'épopée d'Alexandre, ses conquêtes, ses victoires, son génie militaire firent de lui le héros inspirateur des artistes et des écrivains dès l'Antiquité.

Au IIe ou IIIe siècle, un auteur non identifié vivant en Égypte écrivit un ouvrage intitulé *La Vie et les hauts faits d'Alexandre de Macédoine* relatant la vie et les exploits du conquérant. De cet ouvrage sont issues de nombreuses versions médiévales connues sous le nom de *Roman d'Alexandre*. L'une d'elles, attribuée à Alexandre de Bernay (alias Alexandre de Paris), fut diffusée au XIIe siècle en langue romane. Elle est écrite en vers de douze pieds (dodécasyllabes) à l'origine de l'expression « vers alexandrins », apparue en 1492. Le nom commun « alexandrin » en est une substantivation.

Boycott

[Charles]

⇒ **n. m.** Boycott

John Crichton, troisième comte d'Erne, possédait des terres qu'il faisait administrer par un ancien capitaine de l'armée britannique : Charles Cunningham Boycott (1832-1897). La rigueur et l'intransigeance de cet ex-militaire l'avaient rendu fort impopulaire auprès de ses métayers. Il refusait, entre autres, de baisser leurs loyers et alla même jusqu'à expulser certains d'entre eux qui n'avaient pu faire face à leurs obligations. En 1880, la Ligue agraire (Land League) mise en place par Charles Parnell, député aux Communes, décide de faire de Boycott une victime : on l'ignore, lui et sa famille, on ne lui parle plus, les commerçants refusent de le servir et les paysans de travailler pour lui. Après avoir fait appel à des moissonneurs de l'Ulster, protégés par la troupe, Boycott doit finalement fuir son pays. Son patronyme deviendra vite un nom commun synonyme de « quarantaine ». Il est aussitôt adopté en France, où le verbe « boycotter » est également forgé dès 1880.

Boyc

Silhouette

[Étienne de]

⇒ **n. f.** Silhouette

À Montmartre, place du Tertre, des artistes sont capables, en quelques coups de ciseaux, de découper votre profil, parfaitement ressemblant, dans un papier noir qu'ils collent ensuite sur un fond blanc. Usant d'un néologisme, on les appelle des « silhouettistes ». De tels découpages, comme les portraits tracés à grands traits et à la va-vite, furent d'abord nommés « profils à la silhouette ». Il y eut donc un M. Silhouette ? Oui.

Étienne de Silhouette (1709-1767), alors qu'il était contrôleur général des Finances de Louis XV, de mars à novembre 1759, eut l'idée de remplir les caisses de l'État en taxant les nobles et les plus riches. Bien inévitablement, il se fit, au sein de la cour, de farouches ennemis, et ceux-ci n'eurent guère de peine à le faire rapidement disgracier. Les quolibets continuèrent cependant. M. de Silhouette fut ridiculisé et devint la cible de chansons satiriques. L'expression « à la Silhouette » fut alors inventée pour qualifier tout ce qui était rudimentaire, sommaire, éphémère ou rapidement torché, à l'image de son passage éclair au ministère des Finances. En 1788, « silhouette » fit son entrée au dictionnaire en tant que nom commun.

Silhou

ette

Chapitre 4

Des lieux devenus notre quotidien

Ici, c'est une région,
là une ville,
un village,
ou là-bas encore
un petit port...
Notre pays fourmille
de ces lieux qui ont
vu se développer des
mets, des produits
auxquels ils ont
donné leur nom
et qui ont contribué
à leur célébrité.
Autant de noms
communs, autant
d'exemples des
multiples ressources
et richesses
de la France.

Belon

⇒ **n. m.** Bélon

Le petit port de Bélon, près de Riec-sur-Bélon, tient son nom d'un fleuve côtier, le Bélon, qui se jette dans l'Atlantique par une ria, c'est-à-dire un estuaire régulièrement envahi par la mer. Au rythme des marées, l'eau douce du fleuve et l'eau salée de l'océan s'y mélangent et confèrent aux huîtres qui y sont élevées leur caractéristique goût de noisette. Ces huîtres plates ont donc naturellement reçu le nom de « belon » (sans accent, toutefois). Elles ne sont affinées dans les parcs de l'estuaire qu'après avoir grandi pendant trois ans dans le proche golfe du Morbihan.

La belon n'est évidemment pas la seule huître de Bretagne, on trouve aussi les savoureuses creuses et plates de Prat-ar-Coum, élevées depuis 1898 dans l'Aber-Benoît (Finistère) par la famille Madec, les plates de Cancale, les creuses de la baie de Quiberon, etc.

Belon

Chateaubriand ou châteaubriant

[François-René, vicomte de] ou [la ville]

⇒ **n. m.** Chateaubriand ou Châteaubriant

L'auteur du *Génie du christianisme* et des *Mémoires d'outre-tombe* raffolait, paraît-il, de ce plat que lui préparait son cuisinier Montmirel: une épaisse tranche découpée au cœur d'un filet de bœuf (de 3 à 5 centimètres), lentement grillée, accompagnée d'une sauce et de pommes de terre soufflées.

« Pas du tout ! s'insurgent les Castelbriantais, c'est le nom de notre ville, chef-lieu d'arrondissement de la Loire-Atlantique, que l'on retrouve dans l'intitulé de cette recette. Châteaubriant n'est-elle pas un important centre d'élevage de bœufs ? »

Alors, la ville ou l'écrivain ? À vous de « trancher », si j'ose dire. Détail plaisant: le toponyme « Châteaubriant » est issu de « château de Briant », les seigneurs de Briant étant vraisemblablement de lointains ancêtres de Chateaubriand.

riand

Béarnaise

⇒ n. f. Béarn

On imagine volontiers que cette sauce épaisse à base de beurre, de jaunes d'œufs, d'échalotes, d'herbes et de vin blanc, doit son nom à cette province française, patrie du bon roi Henri IV, dont elle serait une spécialité. Il n'en est rien. Elle aurait été créée fortuitement par Jean Louis François Collinet, chef cuisinier au Pavillon Henri-IV. Cet hôtel-restaurant gastronomique de Saint-Germain-en-Laye fut aménagé par Collinet vers 1830 dans le pavillon d'un château ayant servi de résidence royale à Henri IV, Louis XIII et Louis XIV. Le cuisinier, qui avait fait trop réduire une préparation d'échalotes, rattrapa la chose en y incorporant une émulsion de jaunes d'œufs et de beurre. Au convive ravi lui demandant le nom de cette succulente sauce, Collinet, soudainement inspiré par un buste d'Henri IV qui décorait la salle, aurait répondu : « C'est une... sauce béarnaise. » Béarnaise ou pas, elle accompagne merveilleusement les viandes en général et le tournedos en particulier. Collinet est aussi l'inventeur des pommes soufflées.

Camembert

⇒ **n. m.** Camembert

La légende : de juillet 1796 à février 1797, un prêtre réfractaire, l'abbé Charles-Jean Bonvoust, se cache dans le petit village de Camembert, département de l'Orne, en attendant de pouvoir s'embarquer vers l'Angleterre. Il y rencontre une jeune fermière, Marie Fontaine, femme de Jacques Harel, et décide de lui confier un secret qui lui permettra d'obtenir de meilleurs fromages. La recette du camembert est née. L'histoire précise que, l'abbé étant originaire de la Brie, le camembert serait issu des célèbres pâtes molles de Meaux et de Coulommiers. Les fromages de Marie Fontaine-Harel vont connaître un très rapide succès. Vendus sur les marchés d'Argentan et de Vimoutiers, ils se voient décerner plusieurs récompenses. En 1867, quand le fromage de Camembert devient simplement le « camembert », le nom du petit village normand a depuis longtemps acquis la célébrité.
La jeune fille de Camembert n'a donc pas inventé le célébrissime fromage, elle n'a fait qu'en améliorer la fabrication en suivant les conseils de l'abbé Bonvoust. D'ailleurs, les fromages du pays d'Auge étaient connus depuis au moins le XVIe siècle. En 1708, Thomas Corneille, frère de Pierre, précise dans son *Dictionnaire universel géographique et historique* : « Il se tient à Vimoutiers tous les lundis un gros marché où l'on apporte les excellents fromages du païs de Camembert. » Le camembert n'obtiendra l'appellation d'origine contrôlée qu'en 1983.

Livarot

⇒ n. m. Livarot

....

Non loin de Vimoutiers, dans l'arrondissement de Lisieux, se situe le petit village de Livarot, chef-lieu de canton du Calvados. Sa tradition fromagère remonte au Moyen Âge, et le produit local, d'abord peu différent du camembert et du pont-l'évêque, a progressivement acquis ses critères identitaires.
Exclusivement fabriqué à partir de lait de vache du pays d'Auge, le livarot est un fromage de forme cylindrique, à pâte molle, à croûte lavée de couleur orangée, affiné pendant six à huit semaines. Il est entouré de trois à cinq bandelettes, les « laîches », qui lui ont valu le surnom de « colonel ». Le livarot a acquis son appellation d'origine contrôlée en 1972. Avec le neufchâtel (fabriqué dans la région de Neufchâtel-en-Bray – AOC en 1969), le pont-l'évêque (du nom d'un chef-lieu de canton du Calvados – AOC en 1972) et le camembert (voir supra), il fait partie des quatre fromages de Normandie ayant obtenu l'appellation d'origine contrôlée. Le nom commun « livarot » apparaît au dictionnaire en 1845.

Livar

fort

Roquefort

⇒ n. m. Roquefort-sur-Soulzon

....

Roquefort-sur-Soulzon est une petite commune proche de Saint-Affrique et de Millau. C'est sous le plateau calcaire du Combalou, en bordure du causse du Larzac, que des grottes ont été aménagées en caves. Le célèbre fromage s'y affine pendant au moins trois mois, après avoir été salé au gros sel marin et ensemencé de pénicillium. Préparé avec du lait de brebis cru et entier, le « roquefort », dont le nom est attesté dès 1642, est connu depuis le VIIIe siècle. Il a remporté la faveur des rois : Charlemagne en aurait fait son fromage favori et, en 1411, Charles VI édicta une charte pour le défendre et le protéger « en un pays où ne pousse ni pied de vigne ni grain de blé ». Privilège rare, un arrêt du Parlement de Toulouse de 1666 concéda aux habitants de Roquefort « le monopole de l'affinage du fromage tel qu'il est pratiqué de temps immémorial dans les grottes dudit village ». L'appellation d'origine contrôlée « roquefort » date de 1925.

Chasselas

⇒ **n. m.** Chasselas

À l'époque romaine, Cassiliacum, domaine de Cassilius, était un relais sur la voie romaine menant de Lutèce (Paris) à Lugdunum (Lyon). C'est aujourd'hui un petit village au sud-ouest de Mâcon, non loin de la roche de Solutré, entre Bourgogne et Beaujolais, dans le département de Saône-et-Loire : Chasselas.

Dès 1680, le village a donné son nom à un cépage mondialement connu produisant un excellent raisin blanc de table, à petits grains ronds et dorés. Ce chasselas a été importé dans de nombreuses régions et pays, où il est parfois utilisé pour faire un vin sec, léger et fruité. En France, le chasselas a été décliné en plusieurs variétés : le chasselas de Moissac (Tarn-et-Garonne), le plus connu, dont la production atteint de 5000 à 8000 tonnes par an (AOC reconnue depuis 1971), le chasselas de Thomery ou chasselas doré de Fontainebleau (Seine-et-Marne), dont on dit qu'il était servi au château de Versailles lors des banquets de Louis XIV, etc.

Chass

Baïonnette

⇒ **n. f.** Bayonne

Cette arme blanche qui se fixe au bout du fusil pour un ultime et direct combat tient son nom de Bayonne, actuelle sous-préfecture des Pyrénées-Atlantiques. Le rapport entre Bayonne et la baïonnette demeure quelque peu énigmatique, et même contesté par Littré, qui propose comme étymologie un mot roman, *bayona*, signifiant « gaine », dont le sens aurait glissé « du contenant au contenu ». Certains prétendent que l'arme aurait été inventée au XVIe siècle par les couteliers forgerons de la ville, d'autres font référence à une jacquerie du XVIIe siècle au cours de laquelle les paysans de Bayonne, à court de munitions, auraient eu l'idée d'enfoncer leurs couteaux de chasse dans le canon de leurs mousquets. Toutefois, si l'on s'en tient aux dates, la seconde hypothèse est à rejeter puisque le mot bayonnette est utilisé dans un document de 1571.

En 1688, Vauban améliora la baïonnette en l'équipant d'une douille. Par analogie, on a ensuite appelé « douille à baïonnette » le système de fixation adapté au culot d'une ampoule électrique, l'autre système étant à vis.

Corbillard

⇒ n. m. Corbeil

On a d'abord parlé de corbeillats et de corbeillards, coches d'eau qui, dès 1549, faisaient le trajet de Corbeil à Paris pour approvisionner la capitale en pain et farine. Mais comment, de ce simple coche d'eau, le mot « corbeillard », devenu corbillard en 1688, a-t-il pu finalement s'appliquer au véhicule transportant les morts ? On a proposé plusieurs explications.

Dans son roman *La Barque silencieuse* (2009), Pascal Quignard, se prévalant de plusieurs sources, rapporte qu'en 1585 ces corbeillards transportaient aussi des nourrissons de Paris à Corbeil pour qu'ils y soient allaités par des nourrices. Certains de ces bébés mouraient-ils pendant le voyage ?

D'autres sources nous disent que ces embarcations auraient servi à évacuer les cadavres lors de l'épidémie de peste noire qui frappa l'Île-de-France en 1348.

Toujours est-il que le mot « corbillard » désigna aussi un carrosse bourgeois et que la définition actuelle apparut au dictionnaire de l'Académie en 1798.

Loin d’être en reste, nos voisins européens nous ont également permis d’intégrer dans notre vocabulaire un certain nombre de noms évoquant des spécialités provenant de leurs régions, de leurs villes. Qu’elles soient relatives à la gastronomie ou à un autre domaine, nous les avons adoptées, pour le meilleur ou pour le pire.

Macédoine

⇒ **n. f.** Macédoine

Deux régions portent le nom de Macédoine : une contrée de la Grèce septentrionale (en grec *Makedonia*) et une partie de la péninsule des Balkans que se partagent la Grèce, la Bulgarie et la République de Macédoine, cette dernière ayant appartenu à l'ex-fédération yougoslave. Historiquement, le royaume de Macédoine fut soumis par les Perses de Darios avant d'être intégré au monde grec puis de devenir, au IVe siècle av. J.-C., une région de l'immense empire d'Alexandre le Grand. Théâtre de multiples affrontements et enjeu de diverses convoitises, cette Macédoine antique connut de très nombreux peuplements : Illyriens, Hellènes, Thraces, Épirotes, Achéens, Perses, etc. C'est par référence à ces peuples d'origines très diverses que le mot « macédoine » est apparu vers 1740 dans le domaine culinaire pour désigner de façon imagée un mélange de légumes ou de fruits. Le mot a ensuite revêtu le sens aujourd'hui oublié de « regroupement hétéroclite, assemblage disparate ».

Navarin

⇒ n. m. Navarin

En Messénie, région grecque du sud-ouest du Péloponnèse, l'antique ville de Pylos fut, il y a quelque trente-trois siècles, un important centre de la civilisation mycénienne. Au XVe siècle, elle reçut le nom de « Navarin », une compagnie de routiers navarrais (mercenaires) ayant dominé la ville et sa région de 1392 à 1402. C'est dans la rade du port de Navarin qu'eut lieu, le 20 octobre 1827, une bataille navale dont l'issue fut décisive pour la création d'un État grec indépendant : la flotte turco-égyptienne d'Ibrahim Pacha fut détruite par une escadre de la Triple Alliance commandée par l'amiral de Rigny.
Trente-neuf ans plus tard, le mot « navarin » fait son entrée en gastronomie pour désigner un ragoût de mouton qui se mijote avec des pommes de terre, des oignons, des carottes et d'inévitables navets. Quel rapport avec la bataille de Navarin ? Aucun, à l'exception d'un calembour apparu en 1847 faisant justement du mot « navarin », sinon un synonyme, du moins un dérivé de « navet ».
Précisons que la ville a repris son nom de Pylos.

varin

Mayon

Mayonnaise

[Port]

⇒ n. f. Mahón

L'étymologie du mot mayonnaise a donné lieu à plusieurs hypothèses.

L'une d'elles propose Mahón (Port-Mahon), capitale de Minorque (*Menorca* en espagnol), l'île la plus orientale de l'archipel des Baléares. La justification en est la suivante: le 20 mai 1756, à l'issue d'une bataille navale contre la flotte anglaise, le maréchal Vignerot du Plessis, duc de Richelieu (le petit-neveu du cardinal), s'empara de Minorque et de Port-Mahon. En souvenir de cette victoire, son cuisinier aurait nommé « mahonnaise » cette sauce de son invention. Mahonnaise aurait ensuite évolué en mayonnaise. Hypothèse séduisante, mais nulle part cependant n'est attesté le mot « mahonnaise ».

On a aussi proposé une déformation de bayonnaise (de Bayonne), prétextant que d'autres recettes culinaires sont dites « à la bayonnaise ».

Marie-Antoine Carême (1784-1833), « le roi des cuisiniers et le cuisinier des rois », opte pour magnonaise, qu'il fait dériver du verbe « manier », signifiant « faire à la main ».

Quant au maître cuisinier Prosper Montagné (1865-1948), auteur en 1938 du *Larousse gastronomique,* il penche plutôt pour une altération de moyeunaise, moyeu ayant eu le sens de « jaune d'œuf » (du bas latin *mediolum,* dérivé de *medius,* « central »), signification mentionnée par Littré.

Emmental

⇒ n. m. Emmenthal

L'Emme ou Grande Emme (sa longueur est de 80 kilomètres) est une rivière de l'Oberland bernois, affluent de l'Aar. En allemand, « vallée » se dit *Tal*. Emmental signifie donc « vallée de l'Emme ». On trouve également la variante orthographique Emmenthal. Le fromage à pâte dure que l'on fabrique dans la région a pris le nom de cette vallée, où la tradition fromagère remonte à 1293. L'emmental véritable exige un affinage de sept semaines. Il est considéré comme le plus vieux et le plus prestigieux des fromages suisses. Pourtant, bien que la Suisse réclame depuis longtemps son AOC, emmental est devenu un terme générique désignant un produit également fabriqué dans de nombreux autres pays d'Europe. On a longtemps confondu emmental et gruyère, autre fromage suisse fabriqué à Gruyères, jolie petite ville du canton de Fribourg. Erreur impardonnable puisque l'emmental est un fromage à trous, pas le gruyère !

Parmesan

[Parma]

⇒ **n. m.** Parme

Célèbre dans le monde entier pour ses fresques du Parmesan et du Corrège, son Théâtre Farnèse, son jambon et ses violettes, Parme est aussi connue pour son fromage cuit à pâte dure fabriqué dans toute la région à partir de lait de vache écrémé, le parmesan.

Le procédé de fabrication en était sans doute déjà connu dès l'Antiquité romaine. Vers 1350, Boccace l'évoque avec gourmandise dans son *Décaméron*, nous vantant les richesses d'un pays de cocagne nommé Bengodi, où « il y a une montagne de fromage permigean [*formaggio parmigiano*] sur laquelle se trouvent des gens qui ne font rien d'autre que macaroni et ravioli », preuve que le parmesan était déjà apprécié pour relever les pâtes.

C'est par une traduction du *Décaméron* datée de 1414 que le mot est introduit en français sous la forme adjectivale « permigean ». Parmesan est attesté en 1596. Précisons que l'appellation quelque peu incohérente de parmigiano reggiano est liée à la ville voisine, où l'on produit cette variété de parmesan : Reggio d'Émilie (Reggio nell'Emilia).

Sardine

⇒ **n. f.** Sardaigne

Dans l'Antiquité, les Grecs lui ont donné le nom de sardênê ou sardinê, car le petit poisson se pêchait en abondance sur les côtes de Sardaigne, cette île de la mer Tyrrhénienne au sud de la Corse. Via le latin *sardina*, le mot grec a donné le français sardine dès le XIe siècle. La Sardaigne nous a par ailleurs fourni la sardoine, calcédoine de couleur brunâtre, dont le nom vient du latin *sardonyx*, littéralement « onyx de Sardaigne ». Un autre emprunt linguistique est lié à une plante toxique, la renoncule de Sardaigne (également appelée sardonie chez Littré), dont le nom latin est *Herba sardonia* ou *Herba scelerata* (« herbe scélérate »). Son ingestion provoque une contraction des muscles faciaux se manifestant par un très laid rictus, à l'origine de notre rire sardonique.

Bistouri

⇒ n. m. Pistoia

Dans son *Glossarium,* à l'entrée bastoria, Charles du Fresne, sieur du Cange (1610-1688), cite un texte de 1464 présentant l'instrument: « Une Bistorie ou grant cousteau. Ung coustel poignant nommé Bistorit. » Bistorie ou bistorit désigne donc alors une arme blanche. Ambroise Paré (1510-1590), père de la chirurgie moderne, écrit: « On fera l'incision transversalement avec une lancette courbée appelée bistorie. » *(Œuvres,* VI, 6.) D'un simple couteau ou poignard, la bistorie est alors devenue un instrument chirurgical assimilé à la lancette que les médecins d'antan utilisaient pour pratiquer les saignées. Paré mentionne même une petite bistorie à lame et manche courbés qu'il utilise pour une opération de l'œil.

Enfin, dans son *Dictionnaire des sciences médicales,* Nicolas Philibert Adelon (1782-1862) déclare: « *C'est avec raison qu'on a substitué le bistouri à la grande lancette dont on se servait beaucoup autrefois.* » De nos jours, l'instrument, spécifiquement chirurgical, est devenu électrique; il existe même des bistouris laser.

On explique généralement le nom du bistouri par celui de Pistoia (*Pistorium* en latin, Pistoie en français), ville italienne de Toscane où le couteau/poignard aurait été fabriqué. L'adjectif *pistorinio,* « de Pistoie », aurait donné bistouri en passant par les formes *bistorino* et *bisturino*, mais l'on explique mal le changement de l'initiale, et le doute subsiste donc.

touri

Parchemin

[Pergamon jacinthenar]

⇒ n. m. Pergame

Depuis le IIIe siècle av. J.-C., la ville de Pergame détenait deux monopoles royaux pour la préparation des peaux de moutons, de chèvres, etc. Cette peau apprêtée pour recevoir l'écriture fut baptisée du nom grec de *pergamênê*. Plus souple, plus résistant que le papyrus, ce matériau se prêtait aussi au pliage. Le livre manuscrit *(codex* en latin) ne tarda donc pas à remplacer le rouleau *(volumen)*, permettant à la culture antique de se diffuser largement. Après une longue concurrence, le pergamênê finit par supplanter le papyrus dans tout le monde méditerranéen. Latinisé en *pergamena*, le mot fut adopté en français au XIe siècle, d'abord sous les formes parcamin et parchamin. Jusqu'au XVe siècle, le parchemin fut le support essentiel de l'écriture, après quoi il ne fut plus utilisé que pour les diplômes, les actes officiels et les titres de noblesse, dont il garantissait l'authenticité. En 1836 apparaît le verbe parcheminer, « donner l'apparence du parchemin », d'abord dans un sens technique, puis, de façon pronominale, dans un sens figuré.

Badminton

[House]

⇒ n. m. Badminton

Depuis le XVIIe siècle, les ducs de Beaufort ont élu domicile dans le Gloucestershire, à Badminton House. Henry Charles Fitzroy Somerset, huitième duc de Beaufort, y organisa un banquet en 1873 en présence d'officiers anglais tout juste revenus des Indes. Ce jour de 1873 donc, les officiers décidèrent de faire connaître le poona à leurs hôtes, un jeu de balle et de raquettes né dans la ville du même nom, dans l'État de Maharashtra en Inde. Une partie s'engagea. On raconte qu'à défaut de balles adéquates on utilisa des bouchons de champagne munis de quelques plumes, qui devinrent ainsi les ancêtres du volant. On s'enthousiasma pour ce nouveau jeu, qui fut rebaptisé badminton. Les stations balnéaires de Folkestone, Southampton et Bath en firent vite le sport à la mode. En 1876, un ouvrage de Henry James, *Lawn-Tennis Games and Badminton*, en édicta les premières règles et, dix-sept ans plus tard, fut fondée la première Badminton Association.

Le badminton est devenu discipline olympique en 1992, à l'occasion des Jeux de Barcelone. En 2010, la Fédération française de badminton compte 140 431 licenciés.

Marathon

Marathon

⇒ n. m. Marathon

Marathon est le nom d'une ville d'Attique au nord-est d'Athènes, proche d'une baie sur la mer Égée baptisée « baie de Marathon ». En 490 av. J.-C. y débarquent entre vingt mille et cent mille Perses commandés par Datis et Artapherne, officiers de Darios Ier. Leur intention est de lancer des attaques contre Athènes et Érétrie en représailles de l'implication grecque dans la révolte ionienne. Sous les ordres de Miltiade, dix mille Athéniens parviennent à enserrer l'armée de Darios et à lui infliger de très lourdes pertes, s'emparant notamment de sept vaisseaux. La victoire est sans appel. Il s'agit alors d'annoncer la nouvelle à Athènes : on y dépêche un soldat du nom de Philippidès. La légende nous dit qu'en arrivant il aurait juste eu le temps de prononcer « *Nenikékamen !* » (« Nous avons gagné ! ») avant de s'effondrer et de mourir, exténué par sa longue course.

La distance exacte séparant Marathon d'Athènes est de 42,195 km. C'est aussi celle de la plus longue épreuve de course à pied, baptisée marathon en mémoire de l'événement historique. Le marathon est une discipline olympique depuis les tout premiers Jeux olympiques de l'ère moderne, ceux d'Athènes, organisés en 1896.

Le sens figuré de marathon est apparu en 1943 pour qualifier toute activité (pas nécessairement sportive) longue et fastidieuse demandant beaucoup de persévérance, comme une « réunion marathon », une « séance marathon », un « discours marathon », etc.

Olympisme

[Olympia]

⇒ n. m. Olympie

Selon la mythologie, Héraclès aurait créé à Olympie des jeux sportifs célébrés pendant la nouvelle lune du solstice. Ces jeux, naturellement qualifiés d'olympiques, contribuèrent à la richesse et à la prospérité du sanctuaire. Ils se tinrent à partir de 776 av. J.-C. et furent ensuite organisés tous les quatre ans, l'histoire de la Grèce antique se mesurant alors en olympiades. En 393 après J.-C., l'empereur Théodose Ier décida d'interdire les jeux en raison de leur immoralité et de leur origine païenne.

À partir de 1829, d'importantes recherches archéologiques furent entreprises sur le site du sanctuaire antique. Se passionnant pour les résultats de ces fouilles, le baron Pierre de Coubertin (1863-1937), promoteur du sport scolaire et de l'athlétisme, décide de restaurer les jeux sportifs de l'Antiquité. Son idée se concrétise en juin 1896, date où les premiers Jeux olympiques des temps modernes sont organisés à Athènes. En 1934 apparaît le nom olympisme, s'appliquant à l'institution et à l'organisation des Jeux.

Olym

Rugby

Rugby

⇒ n. m. Rugby

L'histoire du sport retient que le rugby vit le jour en Angleterre, dans la ville de Rugby (comté de Warwick), qui lui donna son nom. Voici dans quelles circonstances.

Novembre 1823 : une partie de football est organisée sur le big-side, terrain de jeux de l'excellent collège de Rugby. Un élève de seize ans du nom de William Webb Ellis (1806-1872) s'empare soudain du ballon avec les mains et va marquer son but avec une incroyable impudence et un total irrespect des règles élémentaires. L'entraîneur se demande alors si de nouvelles règles, justement, ne pourraient être envisagées. Légende ? Peut-être. Même si William Webb Ellis a bien existé, même si les registres du célèbre collège privé de Rugby mentionnent bien sa présence à l'époque concernée, même si, depuis 1987, le trophée remis à l'équipe victorieuse de la Coupe du monde de rugby à XV porte bien la mention « The Web Ellis Cup », la main fautive d'Ellis comme geste fondateur du rugby moderne semble bien résulter d'une invention, sans doute germée dans l'imagination d'anciens élèves de ce néanmoins respectable établissement. D'ailleurs, les élèves de Rugby ne codifièrent les règles du nouveau sport qu'en 1846. Ils parlèrent alors de Rugby football ou de Rugby game.

Le sport fit son apparition en France en 1885, mais il faudra attendre 1909 pour qu'y soit employé le mot rugbyman.

Bicoque

[Bicocca]

⇒ **n. f.** La Bicoque

«Branlante, vouée à la démolition», voilà bien l'idée que l'on se fait aujourd'hui d'une bicoque. C'est celle qui correspond en effet à l'actuelle définition, apparue à la fin du XVIIIe siècle: «petite maison mal construite et mal entretenue». Cependant, telle ne fut pas l'acception d'autrefois. Chez Littré, par exemple, «maison chétive» n'arrive qu'en troisième position, les deux premières définitions étant les suivantes: «place mal fortifiée» et «petite ville». La toute première correspond mieux à l'origine du mot.

27 avril 1522: le condottiere Prospero Colonna, à la tête des Impériaux, s'est retranché dans le manoir de La Bicoque (Bicocca), à 6 kilomètres au nord de Milan. Il y est attaqué par les troupes de François Ier que commande le vicomte de Lautrec. Colonna ressort vainqueur de cette bataille, et les Français doivent définitivement renoncer au Milanais, dont la porte avait pourtant été ouverte à Marignan (Marignano) les 13 et 14 septembre 1515. La Bicoque était toutefois connue pour la faiblesse de ses fortifications, ce qui justifie le premier sens du nom commun bicoque, attesté en 1576. Antoine Furetière, dans son *Dictionnaire universel* (1690), donnait déjà cette signification: «place peu fortifiée et sans défense», rapportant la bataille sous le nom de «journée de la Bicoque».

Angora

[Agkura]

⇒ n. m. Ankara

Angora fut, aux XVIIIe et XIXe siècles, le nom francisé d'Ankara, dont la région produisait depuis le IXe siècle une laine fabriquée avec des poils de chèvres. Particulièrement prisée, cette laine fut longtemps réservée aux vêtements du sultan. Dans l'Antiquité, Angora fut Ancyre (Ancyra). Les Romains en firent la capitale de leur province de Galatie. À l'intention de ses habitants, saint Paul écrivit son *Épître aux Galates.* Mustapha Kemal fit d'Ankara le siège de son gouvernement (1919) puis la capitale de la Turquie (1923). À partir du XIXe siècle, des chèvres angora furent exportées de Turquie en Afrique du Sud, où la race s'acclimata parfaitement. La chèvre angora fut introduite en France au XVe siècle par Jacques Cœur, grand argentier et conseiller de Charles VII.

À propos, savez-vous quel nom l'on donna à cette précieuse laine de chèvre angora à partir du XIXe siècle, époque à laquelle on en commença l'industrialisation en Angleterre et en France ? Le mohair, mot dérivé de l'arabe persan *mukhayyar,* signifiant « choix ».

Cordonnier

[Cordoba]

⇒ n. m. Cordoue

Jusqu'au début du XIIIe siècle, l'artisan qui travaillait le cuir s'appelait un « sueur ». En 1202 apparaît le mot cordouan, dans l'*Histoire du monastère de Saint-Nicolas* par Guillaume Guiart.

Également orthographié cordoant, cordian, cordewan, corduban, cordouen, etc., ce cordouan désigne à la fois les souliers et le cuir de Cordoue (Cordoba) dont ils sont confectionnés. L'appellation « cordouan » se généralisa à tous les cuirs de bonne qualité, quelle qu'en soit la provenance. Il était donc logique que le « sueur » devînt un cordouanier. La probable influence du mot « cordon » peut expliquer la dernière mutation : cordonnier se fixa vers le milieu du XIIIe siècle. De *cordobès,* adjectif espagnol signifiant « de Cordoba », on tira le latin *cordubensis,* qui devint en français cordevois, puis corvois. Corvois fut d'ailleurs le premier nom du cuir de Cordoue. Corvois donna corvisier, corvoisier et courvoisier, dont l'usage fit un équivalent de « savetier ». Puis le mot disparut, définitivement supplanté par cordonnier.

Véronal

[Verona]

⇒ n. m. Vérone

« Une fois au lit, prends cette fiole et avale la liqueur qui y est distillée. Aussitôt dans toutes tes veines se répandra une froide et léthargique humeur. » Dans cet extrait du *Roméo et Juliette* de Shakespeare (ici traduit par François-Victor Hugo), le frère Laurent conseille à Juliette d'ingérer un breuvage qui lui donnera l'apparence de la mort. On sait le sort tragique qui s'ensuivra pour les amants de Vérone : l'authentique poison pour l'un, le poignard pour l'autre. Vérone doit sans nul doute sa célébrité au drame shakespearien, et l'on imagine que les touristes s'y pressent sous le balcon où Roméo Montaigu déclara sa flamme à Juliette Capulet et dans le cloître de l'église San Francesco al Corso, devant le tombeau de la malheureuse héroïne.
Est-ce à Roméo et Juliette que songèrent les firmes Bayer et Merck lorsque, en 1903, elles déposèrent sous le nom de Véronal le barbiturique dont les chimistes allemands Emil Fischer et Joseph von Mering venaient de faire la synthèse ? Deux versions circulent : pour les uns, les savants auraient testé sur eux-mêmes le somnifère dans le train qui les emmenait à Vérone participer à un congrès pharmaceutique ; pour les autres, von Mering, participant seul au congrès en question, y aurait appris que son collègue Fischer avait enfin réussi la mise au point du médicament hypnotique. Le Véronal fut le tout premier des barbituriques (mot également créé par Bayer).
Somnifère ou poison ? L'un, à petite dose ; l'autre, en cas de surdosage. En tout cas, bien des meurtres ont été commis avec du Véronal...

Véronal

Des lieux devenus notre quotidien

Venus sans tambour
ni trompette
des quatre coins
du monde, ces mots
entrés désormais
dans notre quotidien
nous invitent à nous
pencher sur l'atlas
de notre enfance
et à redécouvrir
la magie de ces
espaces lointains
aux consonances
agréablement
exotiques et souvent
synonymes
d'aventures, dont
ils tirent leur origine.

Dinde

⇒ **n. f.** Inde

Aux XIVe, XVe et XVIe siècles, époque des grandes découvertes, tous les pays d'Extrême-Orient, pays à épices, étaient plus ou moins confondus sous le terme générique d'Indes, terme également appliqué à toute contrée lointaine et inconnue. Tel fut le cas du royaume d'Abyssinie (ancien nom de l'Éthiopie), d'où l'on rapporta en France, au XIIIe siècle, d'étranges gallinacés qui furent baptisés « poules d'Inde » ou « gélines d'Inde ».

Deux siècles plus tard, les Espagnols découvrent le Mexique et en rapportent un autre volatile auquel on donna aussi le nom de gallina d'India, bien évidemment traduit par « poule d'Inde ». Une seule appellation pour deux gélines différentes ! L'ambiguïté est vite résolue : la poule d'Abyssinie est renommée *pintada*, participe passé du verbe portugais *pintar*, « peindre », par allusion aux petites taches blanches dont le plumage gris de l'oiseau est constellé. En français, *pintada* donnera d'abord pintarde (1637), puis pintade (1643), le nom de l'autre poule d'Inde se contractant en dinde vers 1660. Apparaîtront ensuite dindonneau et dindon.

Batavia

⇒ **n. f.** Batavia

À son embouchure, le Rhin se divise en deux bras délimitant une île que les Romains appelèrent *insula Batavorum*, l'« île des Bataves ». Là s'était en effet établi un peuple germanique, les Bataves, qui, au IIIe siècle, s'assimilèrent aux Francs. À la fin du XVIIIe siècle, le nom des Bataves se retrouve dans la Batavie ou République batave, qui, devenue royaume de Hollande sous Napoléon Ier, fait aujourd'hui partie des Pays-Bas.

En 1619, le marchand hollandais Jan Pieterszoon Coen, gouverneur général de la Compagnie néerlandaise des Indes orientales en Océanie (Indonésie), s'empare de Jayakerta, dans l'île de Java et, sur ses ruines, fonde un établissement qu'il nomme « Batavia » en souvenir de ses très lointains ancêtres. La ville ne reprendra son nom de Jakarta qu'en 1942, sous l'occupation japonaise.

C'est bien d'Océanie et non de Hollande que la batavia, cette laitue à la fois tendre et croquante, est originaire. Elle fut introduite en France sous ce nom en 1970 par un couple français ayant vécu en Nouvelle-Calédonie. Quelle salade !

Une autre laitue très savoureuse, la romaine, est ainsi appelée parce qu'elle fut créée au Ier siècle par des maraîchers romains. Très prisée des amateurs, elle a donné naissance à l'expression « être bon comme la romaine », signifiant d'abord « être trop bon », puis, par une évolution toute logique, « être une potentielle victime ».

Échalote

[Ashqelon]

⇒ n. f. Ascalon

Ashqelon appartient aujourd'hui à l'État d'Israël. C'est l'ancienne Ascalon, en Palestine, ville natale d'Hérode le Grand, à qui elle dut son autonomie après avoir été sous domination assyrienne puis égyptienne. Prise par les Arabes en 638, elle fut assiégée en 1099 par les croisés de Godefroy de Bouillon qui, vraisemblablement, en rapportèrent une variété de bulbe comestible, mi-ail, mi-oignon, appelée *ascalonia* en latin. Cette ascalonia a donné vers 1500 notre mot « échalote », après avoir revêtu plusieurs autres formes.

De l'échalote, on connaît aussi la course, variante de la « course à l'oignon » où le mot « oignon » est pris dans son sens populaire de « fesses », et dont l'enjeu est de forcer quelqu'un à courir en l'agrippant par le col et le fond du pantalon. La locution « course à l'échalote » a récemment pris une nouvelle signification dans les domaines économique et politique : « compétition où tous les moyens sont bons pour arriver le premier, course au pouvoir ».

Bungalow

[Bangla]

⇒ n. m. Bengale

Au fond du golfe du Bengale, au nord-est de l'Inde et nord-ouest de la Birmanie, se situe le Bangladesh, dont le nom se traduit littéralement par « pays du Bengale ». En hindi, *bangla* est donc une forme de génitif signifiant « du Bengale ». Le Bangladesh a en effet appartenu à ce que l'on appelle aujourd'hui le Bengale historique, dont l'autre partie, le Bengale-Occidental, située entre l'Himalaya et le delta du Gange (et du Brahmapoutre), est, depuis la déclaration d'indépendance de 1947, rattachée à l'Union indienne. L'unité du Bengale fut réalisée de 1911 à 1947, alors que l'Inde était une colonie britannique (depuis 1763). Le mot *bangla*, via une variante locale (langue du Gujarat) successivement déformée par les Anglais en bungaloe (1808), puis bungalow (1829), désigna une habitation bengalie typique, entourée de vérandas. En 1925, bungalow a revêtu le sens actuel de « petite maison de plain-pied, de construction légère, faisant souvent office de maison de vacances ».

Phare

⇒ n. m. Pharos

En 1995 et 1996, une équipe de plongeurs dirigée par l'archéologue Jean-Yves Empereur découvre dans le port d'Alexandrie plusieurs milliers de blocs architecturaux comprenant colonnes, statues colossales figurant des rois et reines ptolémaïques, des sphinx, etc. Nul doute qu'il s'agit là des vestiges de la tour de Pharos, tour colossale construite en 285 av. J.-C. sur ordre du roi Ptolémée Ier Sôter et de son fils Ptolémée II Philadelphe. Le concepteur en fut Sostrate de Cnide. Édifiée sur l'île de Pharos, cette tour de marbre blanc, somptueusement décorée, faisait 180 mètres de haut. À son sommet brûlait chaque nuit un feu destiné à guider les navires. Cette tour devint au Moyen Âge la septième Merveille du monde. Après avoir été endommagée par de nombreux tremblements de terre, elle s'écroula en 1303.

Pharos est donc à l'origine du nom commun phare, qui désigne depuis 1546 une tour côtière dont le sommet est équipé d'un fanal. Depuis 1906, le même mot s'applique au projecteur avant d'un véhicule.

Phare

Mouss

Mousseline

[al-Mawsil]

⇒ n. f. Mossoul

Les tutus des ballerines en sont confectionnés. On en fait aussi des robes de soirée, des capes et des chapeaux. Elle peut être de coton ou de soie. Son nom ? La mousseline. Ses caractéristiques : la transparence et la légèreté, ce qui explique qu'on ait utilisé le mot de façon adjectivale pour qualifier, dans le domaine culinaire, des préparations fouettées comme les pommes mousseline et la sauce mousseline.

La légère toile de coton tire son nom de Mossoul, où elle fut d'abord produite. Située sur la rive droite du Tigre, en face de l'ancienne ville assyrienne de Ninive, Mossoul fut longtemps le principal centre commercial de la haute Mésopotamie, la première ville industrielle d'Irak et son centre national de la fabrication du coton. Mossoul a donné mousseline en 1656, via les formes italiennes mosolino, mussola et mussolina (également à l'origine, semble-t-il, du nom de Mussolini).

Bougie

[Bejaia]

⇒ n. f. Bougie

Bejaia, située au fond d'un golfe qui porte son nom, au nord-ouest de Sétif, est l'une des plus anciennes villes d'Algérie puisque issue d'une colonie romaine fondée par Auguste en 26 ou 27 av. J.-C. Elle fut une cité particulièrement prospère de la côte méditerranéenne et l'un des plus grands centres intellectuels de l'Occident. C'est aujourd'hui un port de commerce international, essentiellement pétrolier. Le nom de Bejaia est, à l'origine, celui d'une tribu berbère. En 1833, le général français Camille Trézel prit possession de la ville, dont le nom fut alors francisé en Bougie. Bejaia produisait depuis le début du XIVe siècle une cire fine qui servit à la fabrication de chandelles. On parla donc de « chandelle(s) de Bougie (ou Bougye) » puis simplement de bougie(s). En 1922, le mot « bougie fut » choisi pour désigner l'unité de luminescence, remplacé en 1949 par candela. On a aussi, par analogie et dès 1888, utilisé le mot pour désigner l'appareil d'allumage des moteurs à explosion.

Bougie

Bermuda

[îles]
[Bermuda]

⇒ n. m. Bermudes

« **B**ien plus que le triangle des Bermudes, le monstre du Loch Ness ou la disparition des dinosaures, la femme demeure la plus grande énigme dans l'histoire de l'humanité. » Pierre Perret, *Les Pensées.*

Avec la côte de Floride et l'île de Porto Rico, les îles Bermudes, où les Américains installèrent en 1940 une base aéronavale, délimitent un triangle. Des dizaines de bateaux et d'avions y auraient disparu sans laisser de traces. Ces événements, à l'origine de ce que l'on a appelé « le mystère du triangle des Bermudes », ont fait couler beaucoup d'encre (et d'ancres !). Pourtant, baignées par le Gulf Stream et surnommées en anglais Summer Islands, les îles Bermudes (Bermuda) jouissent d'un climat doux et d'une végétation florissante qui en font un lieu de villégiature privilégié pour les touristes américains. Ce sont eux qui lancèrent, à la fin des années 1950, la mode des Bermuda shorts. Short allant jusqu'aux genoux, ce vêtement fit son entrée au dictionnaire français dès 1958 sous le nom de bermuda.

muda

Bikini

[atoll de]

⇒ n. m. Bikini

Le 20 juin 1946, l'ingénieur français Louis Réard déposa la marque Bikini : le mot était une belle trouvaille, quand bien même le succès du vêtement ne vint que dans les années 1970. Il est vrai que le slip et le soutien-gorge étaient à ce point mini que sans l'audace de quelques actrices, dont Marilyn Monroe, Jane Mansfield, Ursula Andress, et surtout sans Brigitte Bardot, en Bikini en 1956 dans le film *Et Dieu... créa la femme*, on peut se demander si les ligues de vertu n'auraient pas eu le dernier mot.

Il y eut ensuite la « ficelle » et le monokini, ce dernier résultant d'une assimilation du « bi » de « Bikini » au préfixe bi- signifiant deux, le « deux » de « deux-pièces ». C'était oublier que le Bikini avait été nommé d'après l'atoll situé au nord-ouest de l'archipel Marshall, Bikini, parce que les Américains venaient d'y faire exploser leur première bombe atomique sous-marine en cet été 1946.

Pactole

[Paktôlos]

⇒ n. m. Pactole

Sous le règne d'Ardis II, roi de Lydie de 651 à 625 av. J.-C., ou sous le règne de son prédécesseur, un alliage naturel d'or et d'argent fut découvert dans une rivière appelée Pactole. Il fut abondamment exploité, notamment pour fabriquer les toutes premières pièces de monnaie.

Pactole traversait le royaume de Lydie. Midas, souverain de la Phrygie voisine, s'y lava les mains sur les conseils de Dionysos pour conjurer le vœu imprudent que le même Dionysos avait exaucé : tout ce que Midas touchait se transformait en or, y compris la nourriture et la boisson. À la suite de ce royal lavement, le Pactole se mit à rouler des sables aurifères. Crésus, roi de Lydie de 561 à 546 av. J.-C., en fut l'heureux bénéficiaire. La colossale fortune qu'il en retira lui permit de faire de Sardes une capitale opulente. La rivière Pactole fut surnommée Khrusorrhoas, mot grec signifiant « fleuve qui roule de l'or ».

Depuis 1800, le nom commun pactole désigne une source de profits et de richesses plus ou moins imprévue.

Sommaire

le fabuleux destin des noms propres devenus communs

Chapitre 1

D'UN MYTHE OU D'UNE LÉGENDE À UN SIMPLE NOM COMMUN

Chapitre 2

D'UN COMMUN BIBLIQUE

Chapitre 3

ILS LAISSÈRENT LEUR NOM À LA POSTÉRITÉ

Chapitre 4

DES LIEUX DEVENUS NOTRE QUOTIDIEN

À propos de Jean Maillet

Tour à tour professeur d'anglais, violoniste baroque, directeur musical de l'ensemble Mensa Sonora et écrivain passionné d'étymologie, Jean Maillet est aussi l'inventeur du jeu de société Etymos, médaillé d'or au concours Lépine.
Titulaire d'une maîtrise universitaire (spécialisation linguistique historique), il est l'auteur de plusieurs ouvrages à succès sur la langue française et en particulier a publié chez Albin Michel *Dico étymo. Inventaire des étymologies surprenantes.*
En 2015, Jean Maillet a dénoncé avec succès les anglicismes « lexicophages » dans un livre intitulé les *100 anglicismes à ne plus jamais utiliser! C'est tellement mieux en français*, publié par Le Figaro.